귀여운 종이상자 만들기

NUNO TO KAMI DE TSUKURU KAWAII DECO KOBAKO by Megumi Sugizaki

Copyright © 2009 MEGUMI SUGIZAKI
All rights reserved.

Original Japanese edition published in 2009 by SHUFUNOTOMO CO., LTD.
Korean translation rights arranged with SHUFUNOTOMO CO., LTD.
through Eric Yang Agency Co., Seoul.
Korean translation rights © 2013 by RH Korea CO., LTD.

포장지와 패브릭으로 쉽게 만드는 핸드메이드 상자
귀여운 종이상자 만들기

스기자키 메구미 지음 | **허앵두** 옮김

알에이치코리아

Prologue

빈 상자에 예쁜 종이나 좋아하는 장식을 붙이고
그 안에 소중한 물건을 담아 보관하는 기쁨…….
아련한 어린 시절의 추억을 더듬어보세요.
누구나 한 번쯤은 있었을
자기만의 '비밀 상자'에 대한 기억을 떠올리며
쉽게 만들 수 있는 핸드메이드 상자를 소개합니다.

판지에 종이나 패브릭을 붙이고 겉면을 꾸며
아름다운 상자를 만드는 프랑스 공예를 '까또나주'라고 합니다.
이 책에서는 정통 까또나주 기법을 훨씬 간단하게 응용한
종이상자 만들기를 소개합니다.
몇 가지 기본 방법만 익히면
주변에서 쉽게 구할 수 있는 재료와 도구만 가지고도
원하는 디자인의 다양한 상자를 만들 수 있답니다.

나를 위한 상자도 좋지만,
다른 사람을 위해 만드는 상자는 또 다른 기쁨이죠.
준비한 선물을 정성껏 만든 종이상자에 담아 준다면
받는 사람도 더욱 기뻐할 거예요.

종이와 패브릭의 배색과 장식의 조화를 고려하면서
세상에 단 하나뿐인 특별한 작품을 만들어보세요.

스기자키 메구미

Contents

Prologue 04
기본 재료 08
필요한 도구 09

Part 1 원통형 종이상자
미니 케이크 상자 12
타원형 상자 14
마카롱 상자 18
화장품 정리함 20
✂ 원통형 상자 만들기 22

Part 2 사각형 종이상자
미니 초콜릿 상자 30
편지꽂이 32
티슈 케이스 34
연필꽂이&소품함 35
액자 36
✂ 사각형 상자 만들기 38
책 모양 상자 42
휴대용 게임기 상자 44
✂ 책 모양 상자 만들기 46
✂ 패브릭 상자 기본 스킬 Q&A 49

Part 3 빈 상자를 활용한 소품

양면 장식 상자 52

선물 상자 54

정사각 정리함 56

병뚜껑 58

앨범 60

스프링노트 61

만드는 법 62

스텐실 방법 98

스텐실 도안 99

종이상자를 꾸미는 장식 100

기본 재료

흰색 판지(1)는 상자의 기본 틀을 만드는 종이예요. 이 책에서는 다루기 쉬운 1mm 두께를 사용합니다. 도화지(2)는 상자 겉이 패브릭에 비치지 않게 할 때 사용하세요. 켄트지(3)는 상자의 속지나 바닥용 등으로 폭넓게 활용할 수 있습니다. 이 종이들은 문구점에서 쉽게 구할 수 있습니다.

패브릭은 면 소재를 많이 사용합니다. 원하는 디자인에 따라 체크, 도트(4)와 같이 취향에 맞는 무늬를 고르면 됩니다. 또 무지 패턴의 패브릭(5)을 조합하면 발랄한 분위기를 낼 수 있어요. 펠트(6)는 끝단 처리를 따로 할 필요가 없어 편리해요. 퀼팅 솜(7)을 사용하면 두께를 더해 도톰한 뚜껑을 만들 수 있습니다.

필요한 도구

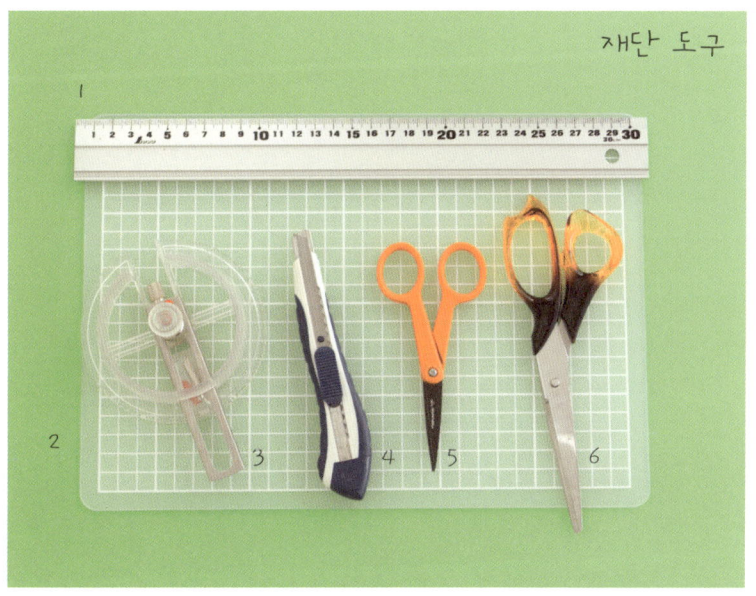

재단 도구

맨 끝부터 바로 눈금이 표시된 금속자(1)와 모눈선이 그려진 커팅매트(2)는 필수. 원형으로 자를 때 사용하는 원형 커터(3), 튼튼하고 큼직한 커터(4), 섬세한 작업에 사용하는 끝이 뾰족한 가위(5), 패브릭을 자르는 재단 가위(6)도 준비하세요. 원형 커터가 없을 경우 가위나 커터로 자르고 절단면을 고운 사포로 문지르면 부드러운 곡선을 만들 수 있어요.

접착 재료·도구

물 테이프에 물을 바를 때 사용하는 스펀지(1), 상자의 접는 선을 뚜렷하게 만들거나 접착 면을 누르는 데에 쓰는 집게(2), 우표처럼 풀이 발라져 있어 물을 묻혀 사용하는 물 테이프(3)를 준비하세요. 물 테이프는 판지를 세워 붙여 상자 틀을 만들 때 편리하게 쓸 수 있어요. 목공용 풀(4)은 물에 희석해서 사용하면 종이나 패브릭의 넓은 면을 견고하게 붙일 수 있어요. 붙이기 어려운 장식은 강력접착제로 대신합니다. 테이프와 패브릭을 꼼꼼하게 붙일 때는 '헤라'라고도 불리는 폴더(5), 세밀한 부분에 풀을 붙일 때는 납작한 구성용 붓(6), 넓은 면에 풀을 붙일 때는 솔(7)을 사용합니다. 모든 도구는 대형 문구점에서 구입할 수 있습니다.

Part 1 원통형 종이상자

동글동글 귀여운 원통형 상자는
액세서리나 장식 소품같이 소소한 것들을 담아두기 좋아요.
기본 틀 만드는 방법만 익혀두면 그 뒤는 간단하답니다.
좋아하는 패브릭과 비즈를 이용해서 귀엽게 꾸며보세요.

Petit cake box
미니 케이크 상자

how to make p.64

달콤한 미니 케이크처럼 사랑스러움이
폴폴 묻어나는 종이상자입니다.
어린 시절의 추억으로 돌아가
당신만의 소중한 보물을 살며시 담아두세요.

Oval box
타원형 상자

how to make p.70

타원형으로 디자인해
실용적인 종이상자를 만들었어요.
뚜껑과 본체의 색깔, 패턴 조화가
경쾌한 기분을 선사합니다.

Oval box

타원형 상자
how to make p.70

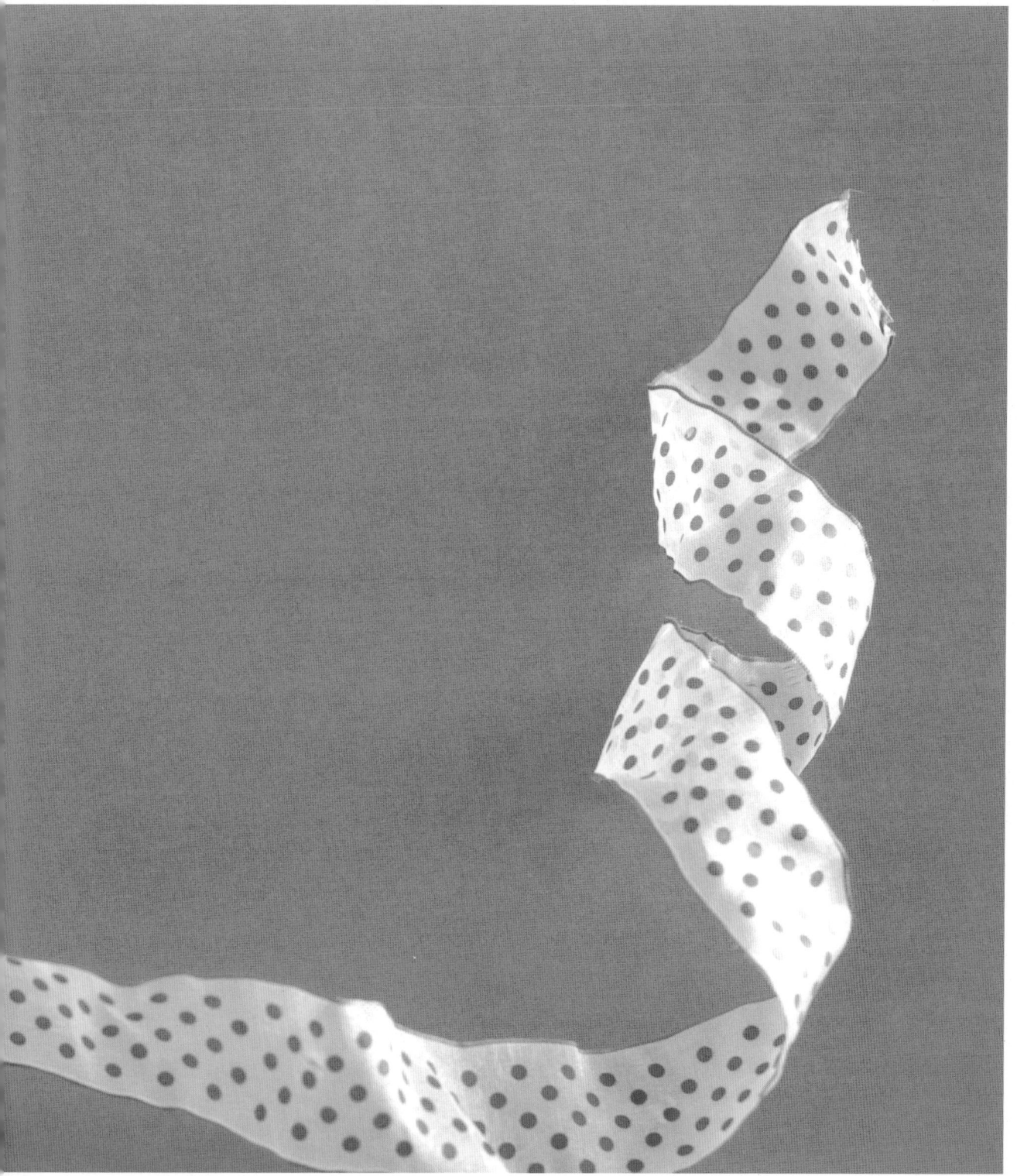

Macaron box
마카롱 상자
how to make p.72

부드럽고 사랑스러운 색감에 볼록한 뚜껑을 올리니
달콤한 마카롱을 꼭 닮은 귀여운 상자가 되었어요.
반지와 귀걸이같이 작은 액세서리를 넣기에 딱 좋아요.

Cosmetic stand
화장품 정리함
how to make p.74

이런 정리함이 있다면 화장하는 게
설레고 즐거울 것만 같아요.
뚜껑이 없어서 초보자도 금방 만들 수 있지요.

How to make 원통형 상자 만들기

재료 (완성치수 : 지름 9cm×높이 7cm)
- **종이** : 상자용 판지, 뚜껑 겉면·속면용 켄트지, 본체 바닥용 색도화지
- **패브릭** : 본체 옆면용, 뚜껑 겉면·옆면용, 본체 속면용, 뚜껑 속면용(모두 얇은 면으로 준비)

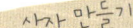 상자 만들기

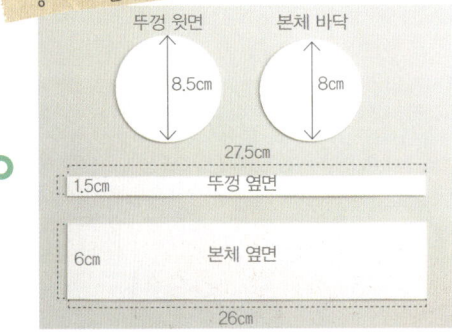

판지 재단하기 : 뚜껑은 본체보다 지름을 0.5cm 크게 잡는다. 옆면 가로 길이는 원둘레보다 조금 여유 있게 재단한다.

1 뚜껑과 본체의 옆면 판지 2장을 자른다. 판지에 자르는 선을 그려 커팅매트에 올린 다음 자를 대고 신중하게 자른다.

2 뚜껑과 본체 바닥이 되는 판지를 원형 커터로 자른다.

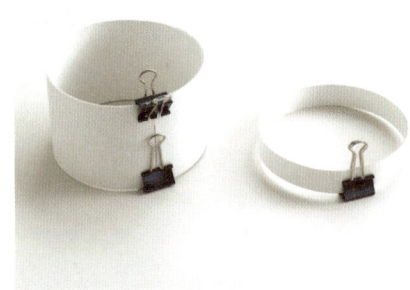

3 옆면 판지 2장을 원통형이 되도록 집게로 고정시켜 모양을 잡아둔다.

4

바닥의 원 둘레에 맞추어 옆면의 정확한 길이를 재어 표시한다.

▶

옆면 여분은 잘라낸다.

5

물 테이프를 옆면 높이의 2배 길이로 잘라서 젖은 스폰지에 대고 물을 묻힌다.

6

옆면 종이의 양 끝을 맞대고 바깥쪽에서 물 테이프를 붙인다.

▶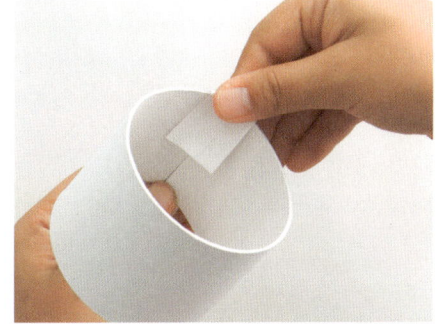

물 테이프 위아래의 여분을 모두 안쪽으로 접어 넣고 붙인다.

7

바닥 판지를 사진과 같이 위에서 바닥으로 내리누르듯이 끼워 넣는다.

8 옆면 바깥쪽에 물 테이프 폭의 반을 대고 돌려 붙인다.

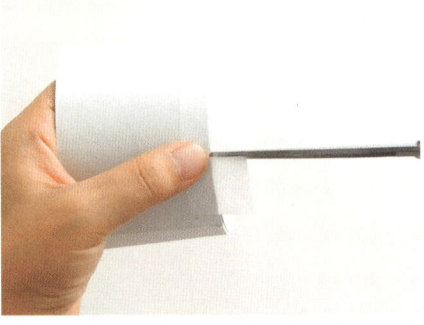

9 남은 물 테이프에 가위집을 넣은 다음 바닥 쪽으로 꺾어 붙인다.

10 상자 안쪽은 물 테이프를 붙이기 어려우니 사진과 같이 붓으로 옆면과 바닥 사이의 틈을 메우듯이 풀을 바른다.

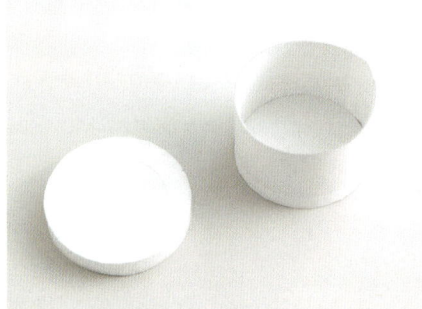

11 뚜껑도 본체와 같은 방법으로 만들면 상자의 기본 틀 완성!

패브릭 붙이기

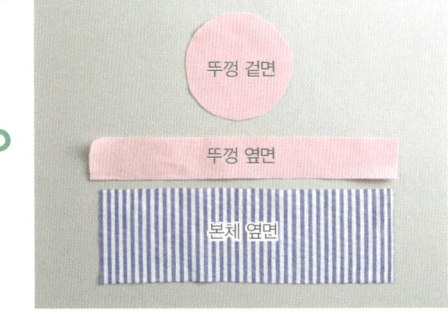

패브릭 재단하기 : 뚜껑 겉면은 지름 10.5cm 원으로, 뚜껑 옆면 가로는 (판지 가로+2)cm, 세로는 (뚜껑 높이×2)+2cm로 재단한다. 본체 옆면은 판지의 가로세로에 2cm씩 더한다.

켄트지 재단하기 : 뚜껑 겉에 붙일 켄트지는 지름 8.5cm 원으로 재단한다.

1

본체 옆면 전체에 풀을 바르고 판지의 이음매 부근에서부터 패브릭을 붙이기 시작한다.

2

패브릭에 주름이 생기지 않도록 바닥에 놓고 판판하게 굴리면서 붙인다.

3

끝단은 1cm 접어 풀을 바른 다음 들뜨지 않도록 붙인다. 시작 지점과 1cm 정도 겹쳐 마무리한다.

4

판지 안쪽에 풀을 바른 다음 시접을 안쪽으로 접어 붙인다. 이때 같은 방향으로 돌리면서 한 번에 이어붙이지 말고, 3~4cm 정도 붙인 다음 반대편과 번갈아 가며 붙인다.

5

바닥 시접은 삼각형 가위집을 넣는다. 가위집이 상자 모서리까지 닿지 않도록 주의한다.

판지 바닥에 풀을 바른 다음 가위집 넣은 시접을 꺾어 붙인다.

6

색도화지로 바닥 지름보다 0.5cm 정도 작은 원을 잘라 풀을 바르고 바닥에 붙인다.

7

뚜껑도 본체와 같은 방법으로 패브릭을 붙인다. 아래 시접은 옆면 안쪽을 모두 덮도록 접어 붙이고, 위쪽은 삼각형 가위집을 넣어 뚜껑 윗면에 붙인다.

8

켄트지에 풀을 발라 패브릭을 붙인 다음 삼각형 가위집을 넣고 안쪽으로 시접을 접어 붙인다.

9

8의 켄트지 안쪽에 풀을 바르고 뚜껑 윗면에 붙인다.

속면 붙이기

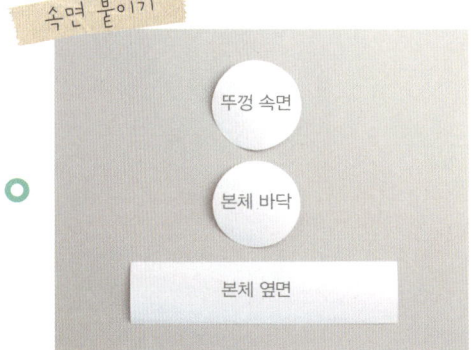

켄트지 재단하기 : 상자 안쪽의 치수를 재서 재단한다. 상자 안에 넣고 뒤집었을 때 걸리지 않고 바로 떨어지는 정도가 좋다.

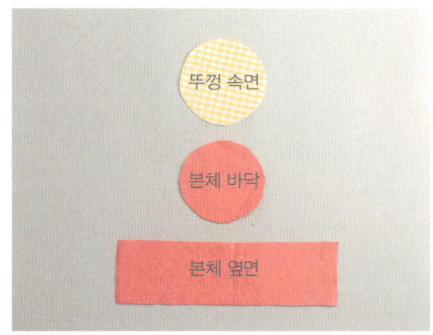

패브릭 재단하기 : 켄트지 치수에 모두 2cm씩 더해 재단한다.

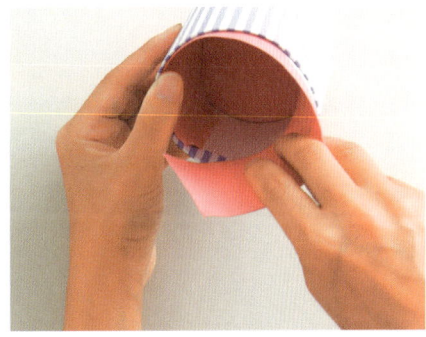

켄트지에 풀을 발라 패브릭을 붙인다. 바닥과 뚜껑 속면 시접에는 삼각형 가위집을 넣어 붙인다. 옆면은 시접 모서리를 조금만 남기고 잘라낸다. 짧은 시접 한 쪽은 그대로 두고 나머지 세 시접을 접어 붙인다.

켄트지 안쪽에 풀을 발라 본체 안쪽에 붙인다. 1에서 시접을 남겨둔 변을 먼저 붙이고 마지막에 겹쳐 붙여 마무리한다.

뚜껑과 바닥 속면을 각각 붙이면 완성!

Part 2
사각형 종이상자

튼튼한 사각형 종이상자는 쓰임새가 다양합니다.
소소한 선물을 담아 고마운 마음을 전하기도 좋고 일상 소품들을 담아 두기에도 좋지요.
사각형 종이상자의 기본 틀을 응용해 다양한 상자를 만들어보세요.

Petit chocolat box

미니 초콜릿 상자

how to make p.76

정사각형 초콜릿을 모티브로 한
앙증맞은 종이상자랍니다.
귀여운 리본과 비즈 장식이 쇼콜라티에의
초콜릿 작품을 떠올리게 하네요.

Letter box
편지꽂이

how to make p.67

근사한 숍을 그대로 옮겨 놓은 듯한
세련된 편지꽂이예요.
소중한 편지를 꽂아두면
보는 것만으로도 즐거워질 거예요.

Tissue paper case
티슈 케이스

how to make p.78

휴대용 휴지를 예쁘게 담아둘 수 있는 케이스랍니다.
하늘색 패브릭에 새하얀 스텐실을 더하니
부드럽고 포근한 분위기로 완성되었어요.

Pen stand & mini box

연필꽂이&소품함
how to make p.80

동화 속 예쁜 집을 모티브로 만든
두 가지 상자를 소개합니다.
상자의 기본 틀은 똑같지만 패브릭의 조화에 따라
색다른 분위기로 완성된답니다.

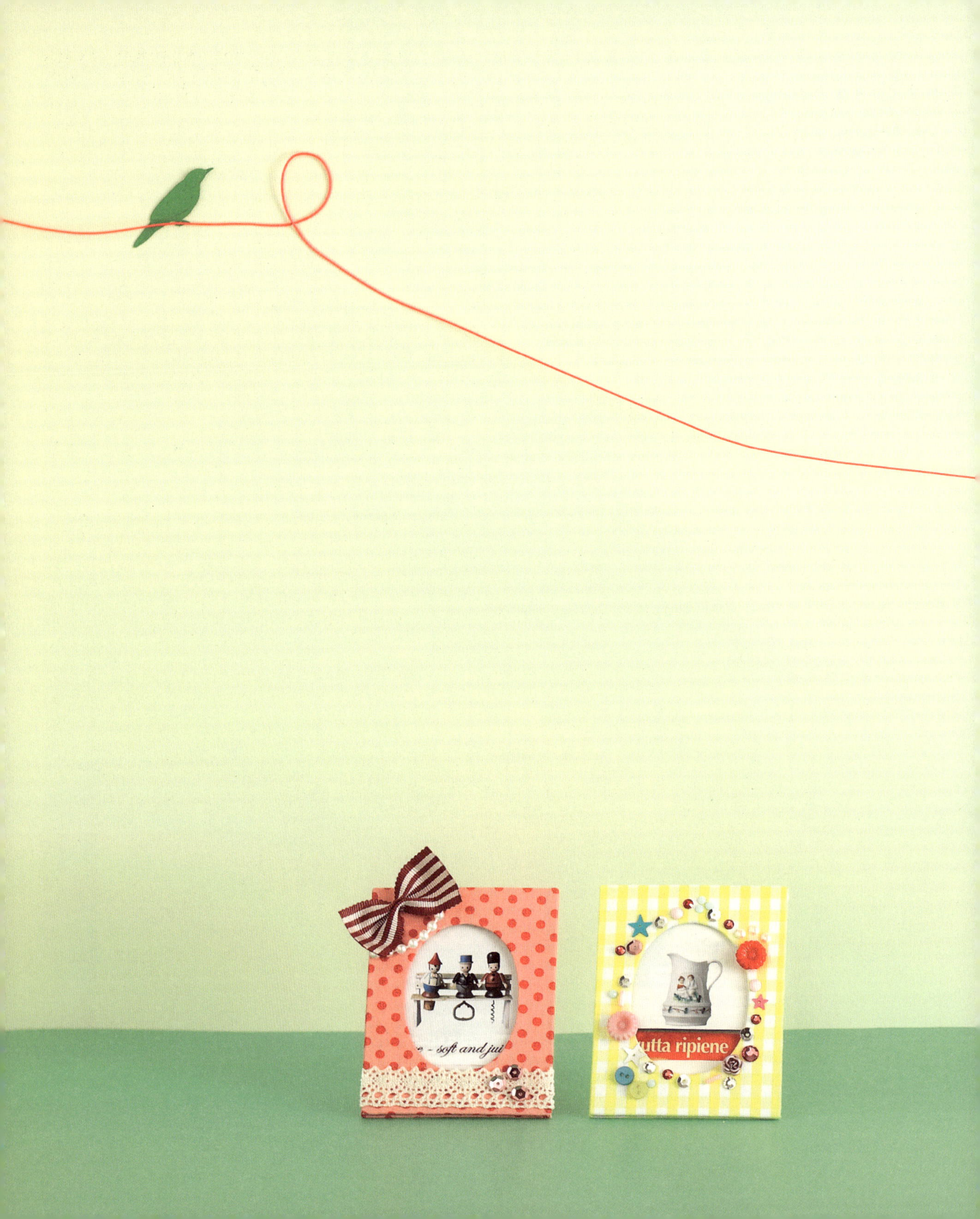
e - soft and jui
utta ripiene

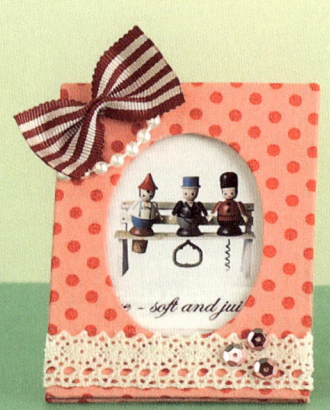

Photo stand

액자

how to make p.82

발랄한 패턴이 돋보이는 패브릭을 사용해
귀엽게 만든 미니 액자랍니다.
좋아하는 그림이나 사진을 넣어
인테리어 포인트로 활용해보세요.

How to make 사각형 상자 만들기

재료 (완성치수 : 가로 10cm×세로 10cm×높이 7.5cm)
- 종이 : 상자용 판지, 뚜껑 겉면·속면용 켄트지, 겉면 바닥용 색도화지
- 패브릭 : 본체 옆면용, 뚜껑 겉면·옆면용, 본체 속면용, 뚜껑 속면용
  (뚜껑 겉면·옆면만 보통 면, 그 이외에는 얇은 면 사용)

상자 만들기

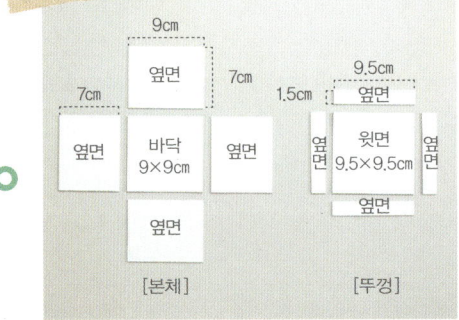

판지 재단하기 : 뚜껑은 본체보다 가로세로 모두 0.5cm씩 크게 재단한다.

1. 본체 옆면과 바닥을 맞대고 안쪽에서 물 테이프로 붙인다. 바닥 판지에 테이프 폭의 반을 먼저 붙인 후 옆면 판지를 세워서 테이프의 나머지 반을 붙인다.

2. 옆면 사이도 안쪽에서 물 테이프로 붙인다. 모서리 부분은 폴더로 눌러 붙인다.

3. 바깥쪽도 옆면과 바닥 모두에 물 테이프를 붙인다. 뚜껑도 같은 방법으로 만든다.

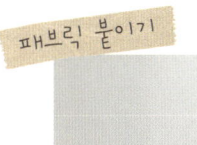
패브릭 붙이기

○ 뚜껑 겉면
뚜껑 옆면
본체 옆면

+

뚜껑 겉면

패브릭 재단하기 : 뚜껑 겉면은 11.5×11.5cm, 뚜껑 옆면 가로는 (뚜껑 둘레+2)cm, 세로는 (뚜껑 높이×2)+2cm로 재단한다. 본체 옆면은 상자 둘레와 높이에 각각 2cm씩 더한다.

켄트지 재단하기 : 뚜껑 겉에 붙일 켄트지는 9.5×9.5cm로 재단한다.

1

상자 옆면의 끝부분에 풀을 바르고 시접 1cm부터 붙인다.

2

한 면씩 풀을 바른다.

3

왼손으로 패브릭을 누르고, 패브릭이 비뚤어지거나 공기가 들어가지 않았는지 확인하면서 상자를 굴리듯 붙인다.

4

마지막 면은 상자 모서리에 맞추어 시접을 접어 넣고 꼼꼼하게 마무리한다.

5

위쪽 시접 모서리에 약간 비스듬하게 가위집을 넣는다. 가위집이 상자 모서리에 닿지 않도록 주의한다.

6

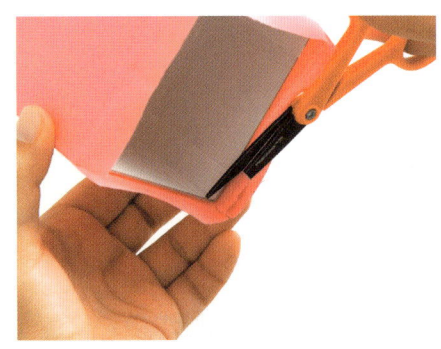

처음과 끝 시접이 겹쳐지는 부분의 안쪽 시접도 잘라낸다.

7

안쪽 가장자리에 풀을 바르고 시접을 상자 안쪽으로 접어 넣어 붙인다.

8

바닥 시접의 모서리는 위쪽보다 넓은 각도로 가위집을 내어 바닥에 꺾어 붙인다. 뚜껑도 같은 방법으로 패브릭을 붙이되 아래쪽 시접이 옆면 안쪽을 다 덮도록 한다.

9

바닥 겉면용 색도화지를 상자 바닥보다 가로세로 0.5cm씩 작게 잘라 풀을 바르고 바닥에 붙인다.

10

뚜껑 겉면용 켄트지에 풀을 발라 패브릭을 붙인 다음, 모서리를 사진과 같이 잘라낸다. 이때 종이를 자르지 않도록 주의한다.

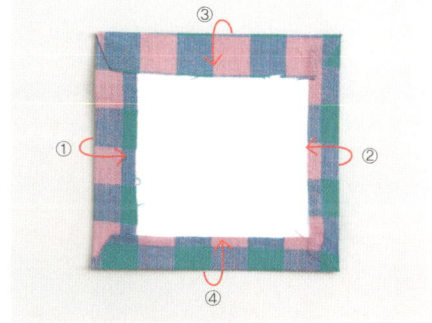

켄트지 가장자리에 풀을 바르고 시접을 붙인다. 맞은편 변끼리 번갈아 붙이면 들뜨는 것을 방지할 수 있다.

11의 안쪽에 풀을 발라 뚜껑 윗면에 붙인다.

속면 붙이기

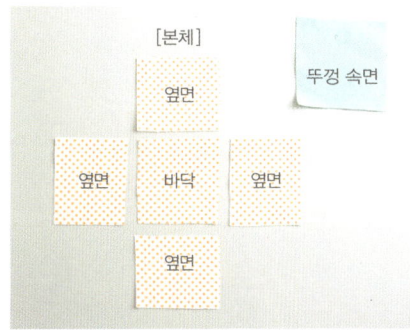

켄트지 재단하기 : 상자 안쪽의 치수를 재서 재단한다. 상자 안에 넣고 뒤집었을 때 걸리지 않고 바로 떨어지는 정도가 좋다.

패브릭 재단하기 : 켄트지 치수에 가로세로 2cm씩 더해 재단하고, 10~11의 뚜껑 겉면과 같은 방법으로 켄트지 각각에 패브릭을 붙여 둔다.

상자 안쪽에 풀을 바르고 패브릭을 붙여 감싼 속면을 바닥, 옆면 순서로 붙인다. 손으로 꼭꼭 눌러 고정시킨다.

뚜껑 속면도 같은 방법으로 붙이면 완성!

Book style box

책 모양 상자

how to make p.84

두꺼운 양장본 책 모양의 상자는
뚜껑과 본체가 하나로 이어진 상자랍니다.
뚜껑이 되는 표지는
스텐실과 라인스톤으로 장식해
한껏 소녀다운 느낌을 연출했어요.

Mobile game box
휴대용 게임기 상자
how to make p.86

투박해 보이는 게임기도 손잡이가 달린 귀여운 케이스에 넣으면
어여쁜 소녀 분위기로 변신해요.
뚜껑을 다양한 액세서리로 장식하는 재미가 쏠쏠하지요.

How to make
책 모양 상자 만들기

재료 (완성치수 : 가로 12cm×세로 9cm×높이 4cm)
- 종이 : 상자·표지용 판지, 속면용 켄트지, 가죽지*
- 패브릭 : 상자 옆면용, 속면용, 표지용, 접히는 부분용(모두 얇은 면)
- 장식 부자재 : 리본 2개(17cm)

* 가죽지는 대형 문구점이나 수예점에서 구할 수 있다.

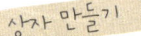 p.38 〈상자 만들기〉 과정 1~3을 참조하여 만든다.

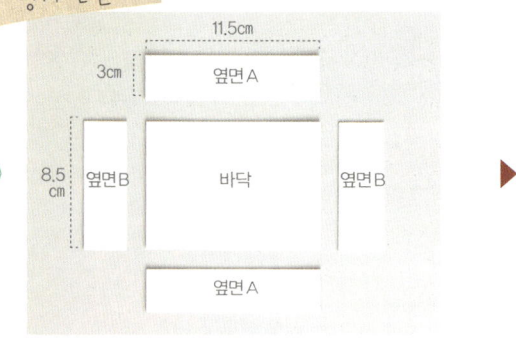

▶

판지 재단하기

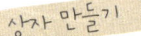 p.39~40 〈패브릭 붙이기〉 과정 1~8을 참조하여 겉면의 패브릭을,
p.41 〈속면 붙이기〉를 참조하여 속면의 패브릭을 붙인다.

+

켄트지 재단하기 : 상자 안쪽의 치수를 재서 재단한다. 상자 안에 넣고 뒤집었을 때 걸리지 않고 바로 떨어지는 정도가 좋다.

패브릭 재단하기 : 속면은 켄트지 치수에 가로세로 2cm씩 더하고, 겉면 가로는 (상자 둘레+2)cm, 세로는 (상자 높이+2)cm로 재단하여 붙인다.

표지 만들기

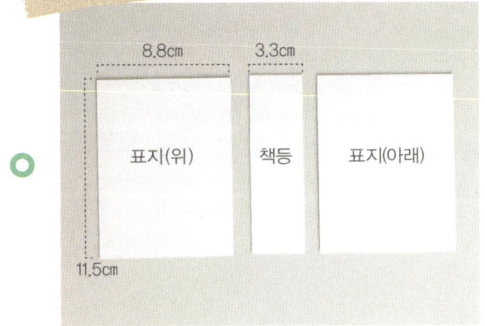

○ **판지 재단하기** : 위아래 표지와 책등을 재단한다.

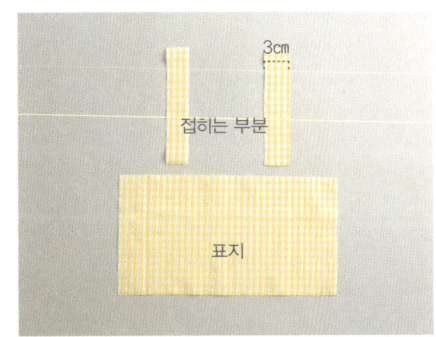

+ **패브릭 재단하기** : 표지용은 판지를 아래 1번 사진처럼 나열하여 종이 끝에서 끝까지의 길이에 2cm를 더한다. 접히는 부분에 붙일 패브릭의 세로는 표지 세로에 2cm를 더한다.

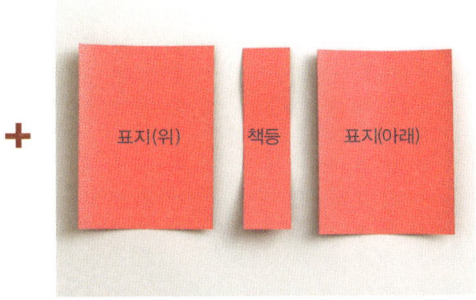

+ **가죽지 재단하기** : 판지보다 가로세로 0.5cm씩 작게 자른다.

1 표지용 판지에 풀을 발라 패브릭을 붙인다. 판지 아래로 자를 대서 3장을 줄을 맞춰 나열한 다음 0.2cm씩 간격을 띄워 붙인다.

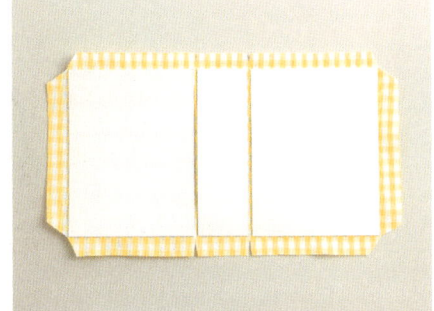

2 사진과 같이 네 모서리를 조금만 남기고 자르고, 표지용 판지와 책등용 판지 사이에는 아래위로 가위집을 넣는다. 판지 가장자리에 풀을 바르고 시접을 접어서 붙인다.

3 벌어진 판지 주위에 풀을 바르고 접히는 부분의 패브릭 2장을 나란히 붙인다. 위아래 시접은 표지에 맞추어 안으로 접어 넣어 붙이고, 양옆은 그대로 둔다.

4 판지 표지와 판지 책등 사이의 틈을 폴더로 뚜렷하게 누른다.

5 책등용 가죽지에 풀을 발라 책등 안쪽에 붙인다. 리본 끝에 풀을 발라 표지 양 끝의 한가운데 지점에 붙인 다음 표지용 가죽지에 풀을 발라 양옆에 붙인다.

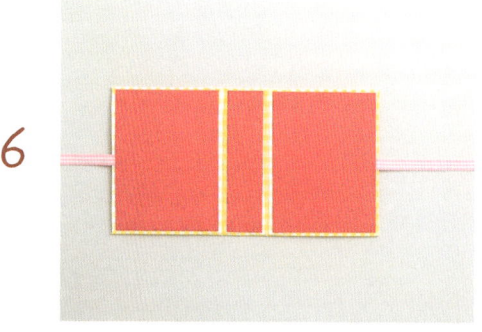

6 표지 안쪽이 완성된 모습.

완성하기

표지 바닥과 책등 가죽지에 풀을 바르고 만들어둔 상자를 붙인다.

책 모양 상자 완성!

패브릭 상자
기본 스킬 Q&A

Q 커터로 판지를 자를 때 특별한 기술이 있나요?

A 처음에는 가볍게 칼자국을 내는 느낌으로 가이드라인이 되는 선을 자르고. 그 다음에 힘을 주어 자르면 쉽고 깔끔하게 잘립니다. 자는 반드시 잘라낼 도면 안쪽으로 놓고 잘라야 선이 빗나가도 사용할 판지에 흠이 생기지 않아요. 커터 칼날은 자주 갈아주세요.

Q 패브릭 끝에 실밥이 튀어나왔는데 어떻게 정리하나요?

풀이 마르기 전에 폴더를 이용하여 상자 안쪽으로 실을 눌러 넣으세요.

Q 상자 안쪽에 속면을 붙이면 금방 떨어져버려요.

종이에 패브릭을 붙이면 풀 때문에 종이가 휘어서 면과 면이 잘 붙지 않을 때가 있어요. 그럴 때는 사진과 같이 집게로 집어 말리면 단단히 고정됩니다.

Q 물 테이프는 변 길이와 똑같이 자르는 게 좋은가요?

A 변 길이에 딱 맞게 자르는 것보다 여유를 두고 조금 길게 잘라서 변에 붙일 때 길이에 맞추어 잘라내는 것이 좋습니다. 원통형 상자의 옆면은 접착력이 약하기 때문에 물 테이프를 길게 잘라서 안쪽으로 접어 넣고 안팎에서 단단히 고정시키는 방법을 사용합니다. (p.23 과정 6 참조).

Q 판지에 사각형을 정확하게 그리는 게 어려워요.

커팅매트의 모눈선에 맞추어 종이를 올리고, 모눈선과 자가 일치하는지 확인하면서 선을 그어보세요. 직각자나 삼각자가 있다면 이용해도 좋아요. 같은 크기의 판지 조각은 도안을 이어서 그린 다음 한 번에 잘라내는 게 좋습니다. 종이에 선을 그을 때는 연필을 뾰족하게 깎아 쓰거나 샤프펜슬을 쓰세요. 굵은 연필로 그리면 치수가 달라질 수 있어요.

Q 붙인 종이나 패브릭이 나중에 떨어지면 어떻게 하나요?

틈을 메우듯이 붓으로 풀을 발라 넣고 다시 고정합니다.

Q 물 테이프에는 물을 어느 정도 바르는 게 좋은가요?

A 너무 많이 바르지 말고 구석구석 가볍게 적시는 정도가 좋습니다. 스펀지 표면의 물기를 가능한 한 균일하게 해 한 번에 바를 수 있게 해두세요. 오른손으로 테이프를 가볍게 누르면서 왼손으로 쓸듯이 바르면 됩니다.

Q 목공용 풀은 꼭 희석해서 사용해야 하나요?

판지끼리 맞붙이거나 가죽지를 붙일 땐 원액을 사용할 수도 있지만 종이나 패브릭을 붙일 땐 희석하여 사용합니다. 빈 병에 풀을 넣고 물로 조금씩 희석시켜 부드러운 마요네즈 정도의 점성으로 만들어 사용하세요.

Part 3
빈 상자를 활용한 소품

상자를 만드는 게 어렵다면 빈 상자 꾸미기부터 시작하세요.
패브릭을 붙이고 리본과 레이스로 장식하면
세상에 하나뿐인 근사한 상자가 완성됩니다.
상자 안에 무엇을 넣을지 즐거운 고민을 해볼까요?
빈 유리병이나 앨범, 노트 리폼법도 있으니 놓치지 마세요!

Reversible box
양면 장식 상자

how to make p.88

앞뒤를 모두 멋스럽게 장식한 상자랍니다.
긴 가로 상자에 뚜껑을 단 다음
앞뒤에 스텐실로 장식했어요.
길고 납작한 상자는
필통이나 반짇고리로 사용하기 좋지요.

Present box
선물 상자

how to make p.90

치즈가 들어 있던 동그란 상자를 활용해
자그마한 선물을 넣을 수 있는
예쁜 상자를 만들었어요.
상자 안에 선명한 색도화지를 붙이니
열어볼 때마다 산뜻한 느낌이에요.

Big square box

정사각 정리함

how to make p.92

정사각형의 밋밋한 종이상자가
산뜻하고 발랄한 정리함으로 변신했어요.
톡톡 튀는 색깔의 패브릭을 붙이고
레이스 페이퍼와 리본, 방울로
포인트를 주었답니다.

Jar cap

병뚜껑

how to make p.94

버리기만 했던 빈 병을 모아서 리폼해보세요.
색상과 무늬별로 다양하게 만들어서
주방에 나란히 세워두면 훌륭한 장식품이 됩니다.

Album
앨범

how to make p.96

심플한 앨범도 조금만 색다르게 장식하면 하나뿐인 특별한 앨범이 돼요.
사진을 붙여서 소중한 사람에게 선물한다면 더욱 의미 있는 앨범이 되겠죠?

Ring notebook
스프링노트

how to make p.95

선명한 파란색 바탕에 깔끔한 흰색 레이스가 돋보이는 디자인.
세련된 스텐실을 더하니 소녀 감성이 물씬 풍겨요.

How to make
만드는 법

기본 상자 만들기를 마스터했다면 더욱 멋진 작품에 도전해보세요.
상상력을 발휘해 마음껏 꾸미면 돼요.
소재나 색상을 바꾸어도 좋고, 좋아하는 장식을 다양하게 활용해도 좋지요.
패브릭과 장식에 따라 얼마든지 다양한 디자인으로 만들 수 있답니다.
같은 크기의 상자를 색과 장식만 바꿔 여러 개 만드는 것도 즐거워요.

※ 모든 재료는 작품 1개 분량입니다.
※ 작품의 완성치수는 대략적인 치수입니다.
※ 속면용 패브릭과 종이는 만들면서 실제 안쪽의 치수를 재서 재단하므로, 재료와 그림에 표기한 수치와 다를 수 있습니다.
※ 종이와 패브릭의 치수에는 시접이 포함되어 있습니다. 시접은 1cm를 기본으로 합니다.

Petit cake box p.12 작품
미니 케이크 상자 만드는 법

재료
(완성 치수 : 지름 4.5cm×높이 4.5cm)

● 판지
지름 4.5cm 원 3장, 14.5×1.8cm 1장,
14.5×2cm 1장

● 색도화지
지름 4.3cm 원 1장, 29×3cm 1장,
14.5×3cm 1장

● 포장지
15.5×3cm 1장

● 펠트
지름 6.3cm, 4.3cm, 4cm 원 1장씩,
15×2.5cm 1장(오른쪽 작품은 도안 참조)

● 장식 부자재
라인스톤, 실(seal), 방울, 펠트 비즈, 색도화지,
아크릴 장식 등

| 판지, 색도화지, 포장지, 펠트를 준비한다.

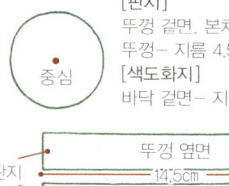

[판지]
뚜껑 겉면, 본체 바닥.
뚜껑 – 지름 4.5cm 원 각 1장씩
[색도화지]
바닥 겉면 – 지름 4.3cm 원

[펠트]
뚜껑 겉면 – 지름 6.3cm 원
뚜껑 속면 – 지름 4.3cm 원
본체 바닥 속면 – 지름 4cm 원

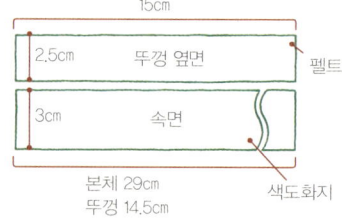

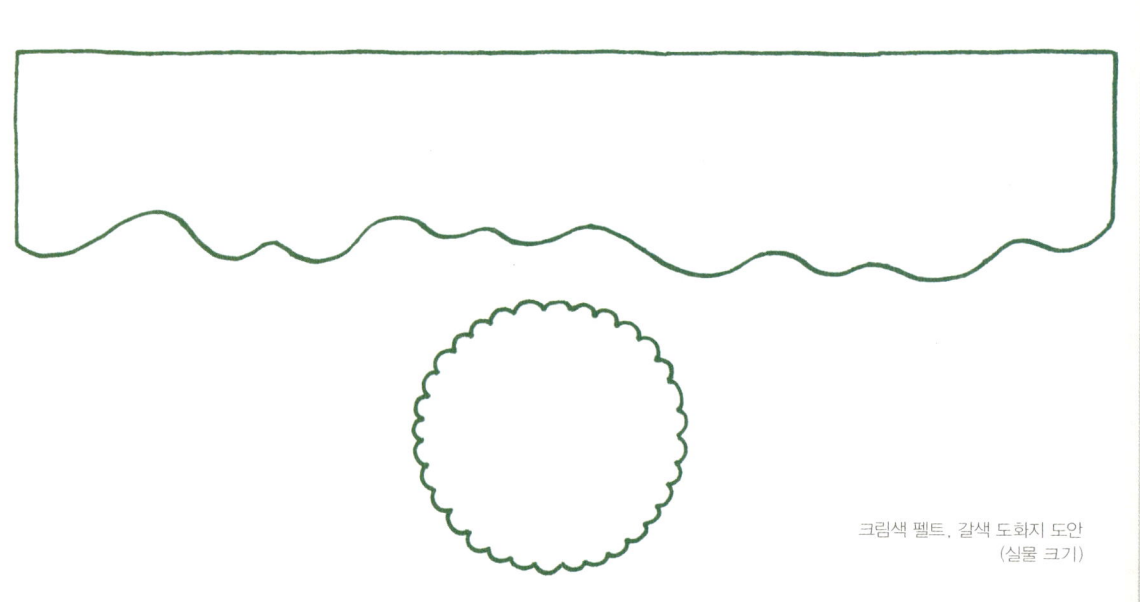

크림색 펠트, 갈색 도화지 도안
(실물 크기)

2 p.22~24를 참조하여 판지로 뚜껑과 본체를 만든다.

3 본체 바깥쪽에 풀을 발라 포장지를 붙인다.

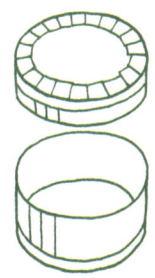

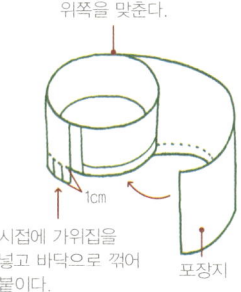

위쪽을 맞춘다.

1cm

시접에 가위집을 넣고 바닥으로 꺾어 붙이다.

포장지

4 먼저 색도화지를 둥글게 말면서 3 안에 넣는다.
색도화지는 본체보다 1cm 높게 튀어나와 뚜껑 닫는 부분이 된다.
바닥 겉면과 속면에도 색도화지와 펠트를 풀로 붙인다.

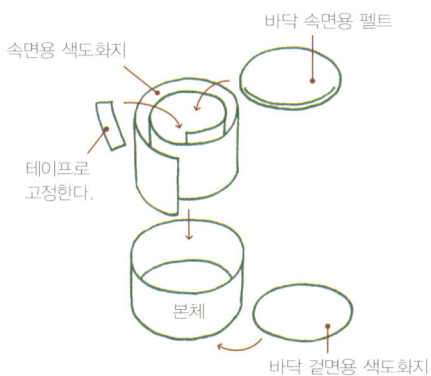

속면용 색도화지
바닥 속면용 펠트
테이프로 고정한다.
본체
바닥 겉면용 색도화지

65

5 뚜껑 안쪽에 풀을 발라 색도화지를 옆면에 붙인다.
남은 부분에 가위집을 넣고 밖으로 접어 붙인다.
뚜껑 안쪽 바닥에는 펠트를 붙인다.

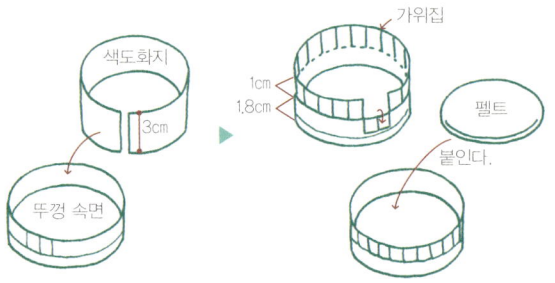

6 판지에 펠트를 붙여 뚜껑 겉면을 만든다.

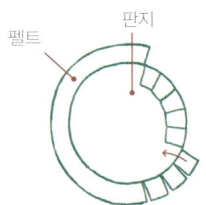

시접에 가위집을 넣어서 접어 붙인다.
펠트는 두께가 있어 잘 붙지 않으므로 완전히 붙을 때까지 무거운 것을 위에 올려두면 좋다.

7 뚜껑 위에 풀을 발라 6을 붙인다.

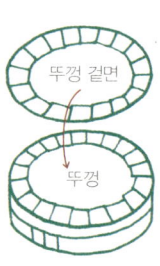

8 뚜껑 옆면에 풀을 발라 펠트 장식을 붙인다.

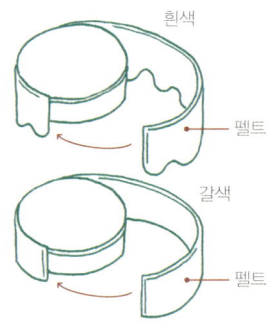

9 다양한 부자재로 장식한다.

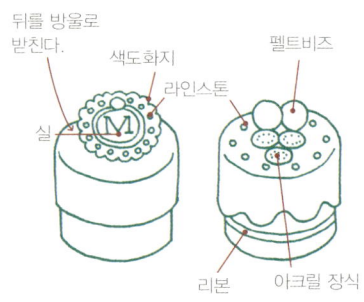

Letter box p.32 작품
편지꽂이 만드는 법

재료
(완성 치수 : 가로 16cm×세로 4cm×높이 13cm)

● 판지
Ⓐ16×10cm 1장 Ⓑ16×11.5cm 1장 Ⓒ16×13cm 1장
바닥용 : 16×4cm 1장
받침대용 : 16.8×4.8cm 1장
옆면용 : 4×13cm의 사다리꼴 모양(그림 참조) 2장

● 패브릭
겉면용 : 42×15cm
Ⓑ의 윗부분용 : 17×2cm
차양, 쇼윈도용 : 도안을 참조하여 준비

● 색도화지
속면용 : 20×12.5cm, 20×11cm(그림 참조) 1장씩
받침대용 : 19×7cm

● 장식 부자재
장식용 켄트지, 패브릭, 라인스톤, 레이스 모티프, 리본 등

● 기타 부자재
스텐실 시트, 패브릭용 아크릴물감

1 판지와 패브릭을 재단한다.

판지 Ⓐ앞면 Ⓑ칸막이 Ⓒ뒷면

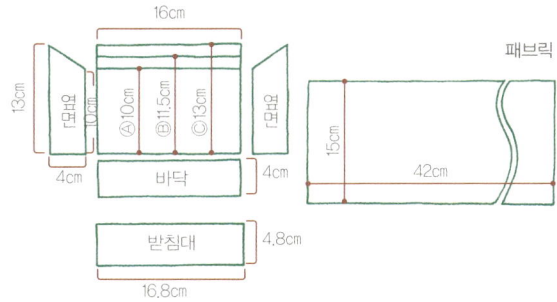

2 p.38~40을 참조하여 판지를 만들고 풀을 발라 패브릭으로 감싸서 붙인다.

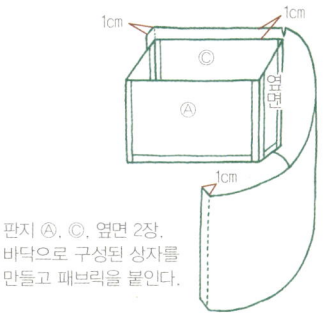

판지 Ⓐ, Ⓒ, 옆면 2장, 바닥으로 구성된 상자를 만들고 패브릭을 붙인다.

3 칸막이가 될 판지Ⓑ를 붙인다.

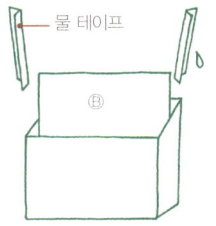

판지Ⓑ를 옆면 가운데에 넣고 물 테이프로 붙인다.

4 시접 1cm를 남기고 패브릭을 자른 다음 모서리에 가위집을 넣고 시접을 안쪽으로 접어 붙인다.

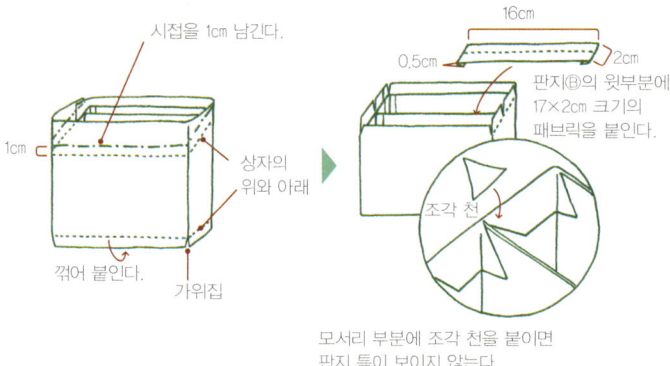

5 판지 Ⓑ와 Ⓒ 안쪽에 풀로 색도화지를 붙인다.

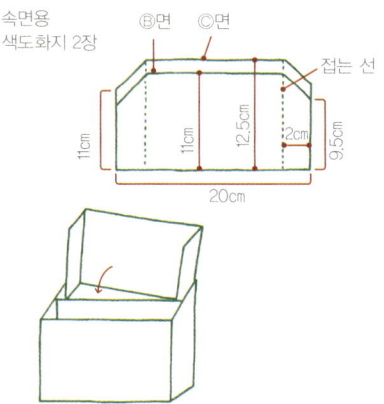

6 받침대 판지에 풀을 바르고 색도화지로 싸서 붙인 다음 바닥에 붙인다.

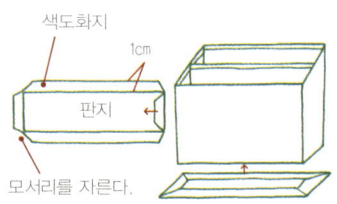

7 차양과 쇼윈도용 켄트지를 패브릭으로 감싸서 붙인다. 스텐실을 한 다음 다양한 부자재를 붙여 장식한다.

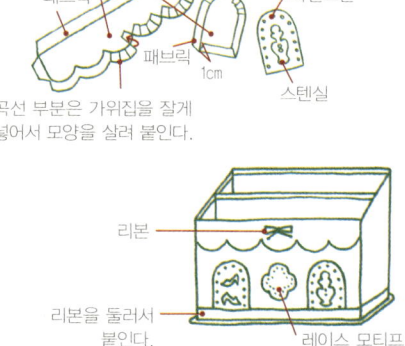

차양, 문, 향수병, 구두 도안(실물 크기)
※ 차양과 쇼윈도용 패브릭은 시접을 1cm 두고 재단한다.

Oval box p.14 작품
타원형 상자 만드는 법

재료
(완성 치수 : 가로 9cm×세로 7cm×높이 5cm)

● 판지
25×4cm 1장, 27×1cm 1장, 9×7cm 타원형 1장, 8.5×6.5cm 타원형 1장

● 패브릭
옆면용 : 27×6cm 1장
뚜껑용 : 11×9cm 타원형 1장
속면용 : 27×6cm 1장, 29×2cm 1장, 11×9cm 타원형 1장, 10.5×8.5cm 타원형 1장

● 켄트지
25×4cm 1장, 27×1cm 1장, 9×7cm 타원형 1장, 8.5×6.5cm 타원형 1장

● 퀼팅 솜
9×7cm 타원형 1장

● 색도화지
바닥 겉면용 : 8×6cm 타원형 1장

● 장식 부자재
리본(뚜껑 옆면에 붙일 경우 30cm), 방울, 라인스톤, 스팽글, 아크릴 장식, 실 등

● 기타 부자재
문자 스탬프, 스탬프 찍을 종이

1 판지, 켄트지, 패브릭을 준비한다.

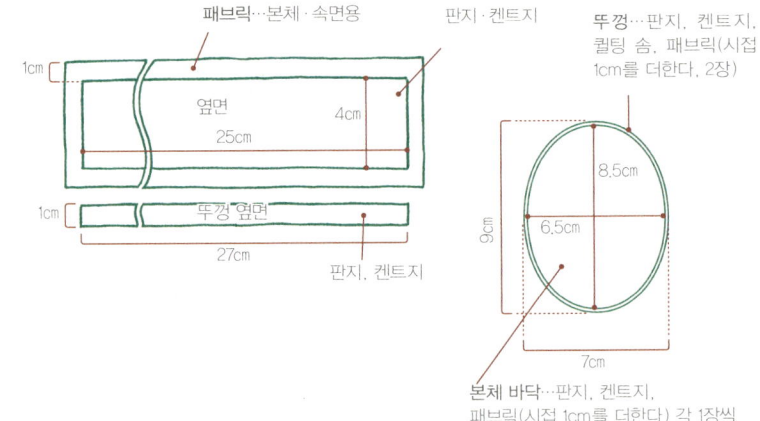

2 p.22~24를 참조하여 판지로 본체를 만들고 p.25을 참조하여 패브릭을 붙인다.

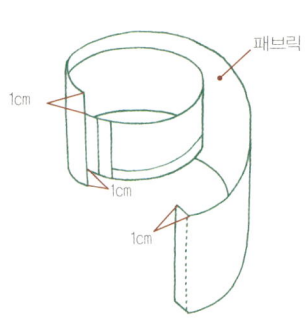

3 켄트지에 풀을 발라 속면용 패브릭을 붙인다.

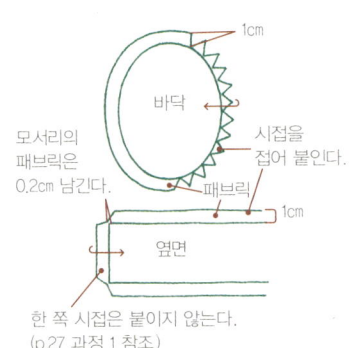

4 3의 속면을 본체 안쪽에 붙인다.

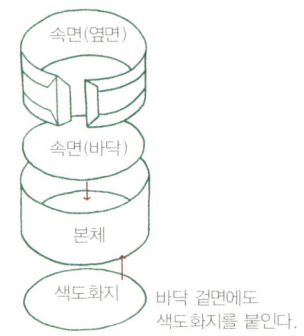

5 p.22~24를 참조하여 판지로 뚜껑을 만들고 뚜껑 위에 퀼팅 솜과 패브릭을 겹친다.

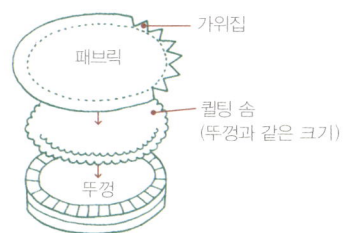

6 뚜껑 옆면에 풀을 바르고 시접을 꺾어 붙인다.

7 뚜껑 옆면 시접 위에 풀을 바르고 리본이나 패브릭을 붙인다.

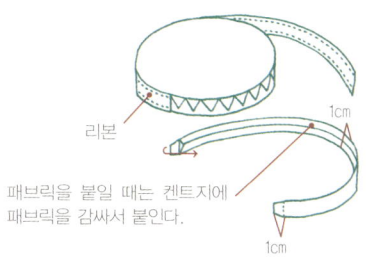

8 뚜껑에도 안을 덧댄다.

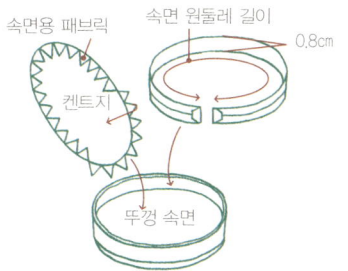

9 다양한 부자재를 붙여 장식한다.

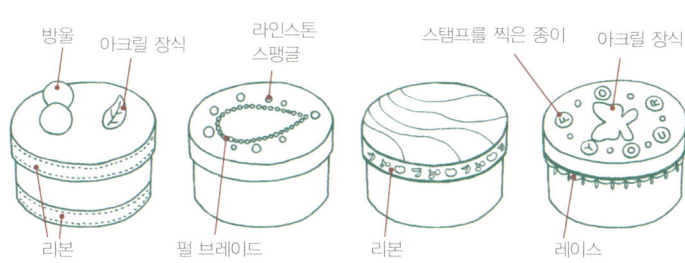

Macaron box p.18 작품
마카롱 상자 만드는 법

재료
(완성 치수 : 지름 4.5cm×높이 4cm)

● 판지
지름 4.5cm 원 2장, 13×1cm 1장
● 색도화지
속면용 : 13×2cm 1장
● 패브릭
지름 6.5 원 2장
● 펠트
뚜껑용 : 지름 4.5cm 원 2장
옆면용 : 13×1cm 1장
속면용 : 지름 4cm 원 1장
반지대용 : 조금
● 퀼팅 솜
지름 4.5cm, 3.5cm 원 1장씩
● 장식 부자재
레이스 모티프, 방울, 라인스톤, 리본, 레이스 등

1 판지, 펠트, 패브릭을 재단한다.

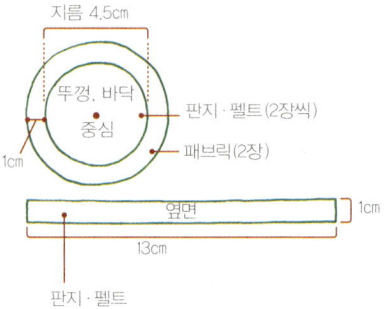

지름 4.5cm
뚜껑, 바닥 중심
1cm
판지·펠트 (2장씩)
패브릭(2장)
옆면 1cm
13cm
판지·펠트

2 패브릭의 시접에 가위집을 미리 낸다.

0.2cm 떨어진 선까지 잘라낸다.
판지 크기

3 판지에 퀼팅 솜 2장을 겹치고, 위에서 2의 패브릭으로 감싸서 시접을 풀로 붙인다.

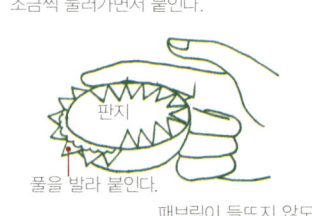

패브릭
퀼팅 솜 (대) — 판지와 같은 크기
퀼팅 솜 (소) — (판지 지름 −1)cm
판지

집게손가락으로 원둘레를 조금씩 눌러가면서 붙인다.
판지
풀을 발라 붙인다.
패브릭이 들뜨지 않도록 꼼꼼하게 눌러 붙인다.

4 시접이 있는 면에 풀을 바르고 펠트를 붙인다.

펠트
같은 방법으로 2개를 만든다.

5 옆면용 판지를 동그랗게 만든 다음 풀로 펠트를 붙인다.

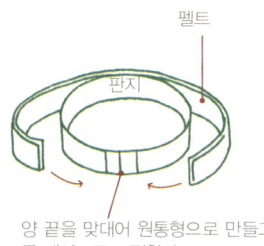

6 색도화지에 풀을 발라 5의 안쪽 옆면에 붙인다.

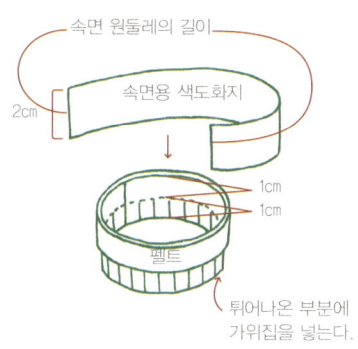

7 옆면을 붙이고 바닥에 속면을 붙여 마카롱 모양 상자를 만든다.

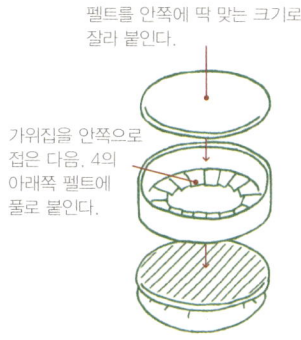

8 다양한 부자재를 붙여 뚜껑을 장식해서 덮는다.

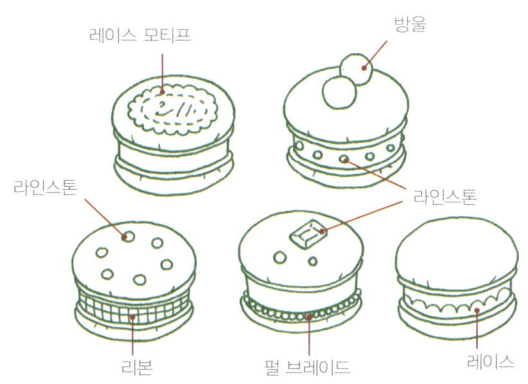

상자 속 반지대는 이렇게 만드세요!

Cosmetic stand p.20 작품
화장품 정리함 만드는 법

재료
(완성 치수 : 지름 6.6cm×높이 6cm)
● 판지
20×6cm 1장, 지름 6cm 원 1장
● 패브릭
옆면용 : 22×8cm 1장
● 펠트
속면용 : 20×5.7cm 1장, 지름 5.8cm 원 1장
바닥 겉면용 : 지름 6.6cm 원 1장
● 장식 부자재
리본, 펄 브레이드, 라인스톤 등
● 기타 부자재
스텐실 시트, 패브릭용 아크릴물감

1 판지와 패브릭을 재단한다.

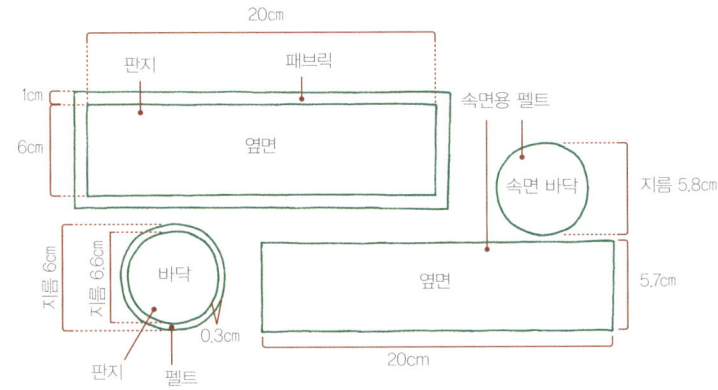

2 p.22~24를 참조하여 판지로 원통형 상자를 만든다.

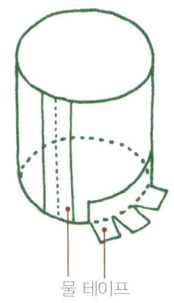

3 p.25를 참조하여 2에 패브릭을 붙인다.

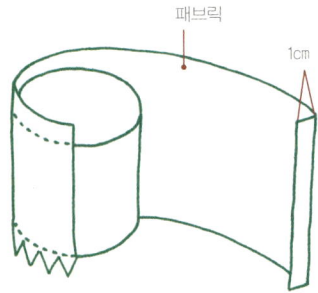

4 본체 안쪽에 속면용 펠트를, 겉면에 바닥 겉면용 펠트를 풀로 붙인다.

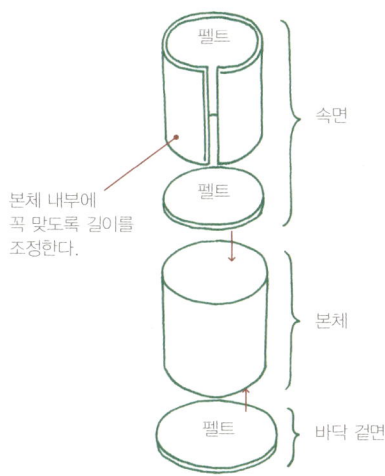

스텐실 도안
(실물 크기)

5 스텐실을 먼저 한 다음 강력접착제로 부자재를 붙여 겉면을 장식한다.

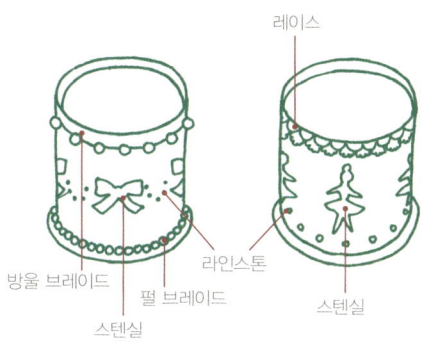

귀여운 작품을 완성하는 데에 빠뜨리지 말아야 할 것이 바로 리본과 아크릴, 라인스톤 등의 장식이지요. 이런 장식들은 크기가 작을수록 쉽게 떨어지므로 용도를 확인한 후 최대한 강력한 접착제를 사용해 붙이세요. 또 장식을 붙여보고 위치를 바꾸어야 할 수 있으므로 붙이자마자 바로 건조되는 제품은 피하고, 마르면 투명해지는 타입을 골라야 붙인 후에도 자국이 남지 않아요.

미니 초콜릿 상자 만드는 법

Petit chocolat box p.30 작품

재료
(완성 치수 : 가로 5.8cm × 세로 5.8cm × 높이 5.8cm)

● 판지
4.5×5cm 4장, 5×5cm 1장, 5.6×1cm 4장, 5.6×5.6cm 1장

● 포장지
16×16cm(그림 참조) 1장

● 펠트
뚜껑용 : 8.5×8.5cm(그림 참조) 1장
속면용 : 5×5cm 1장, 5.5×5.5cm 1장

● 가죽지
속면용 : 21×4.5cm 1장, 23.5×1cm 1장

● 장식 부자재
실, 펄 브레이드, 라인스톤, 리본, 비즈 등

1 본체용 판지와 포장지를 재단한다.

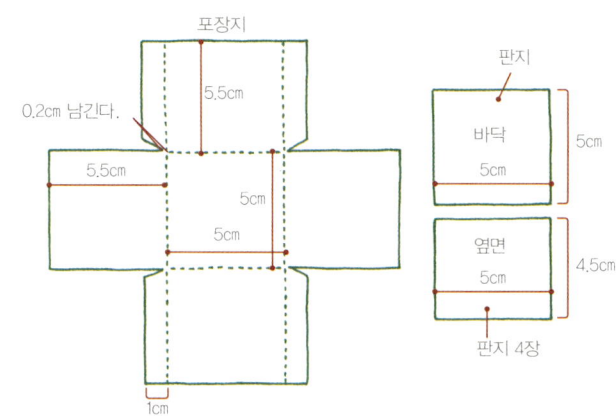

2 뚜껑용 판지와 펠트를 재단한다.

3 p.38을 참조하여 판지로 본체를 만든다.

4 본체 겉면에 풀을 바르고 재단한 포장지의 위치를 잡아 붙인다.

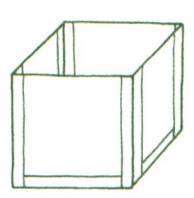
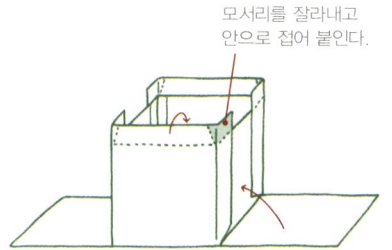

5 본체 안쪽 옆면에는 가죽지를 붙이고 바닥에는 펠트를 깐다.

6 p.38을 참조하여 판지로 뚜껑을 만들고 펠트를 붙인다.

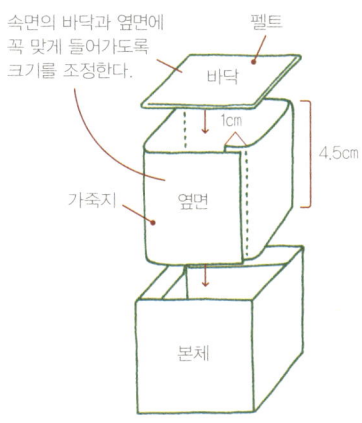 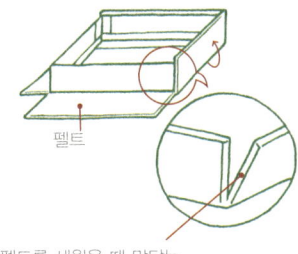

7 5와 같은 방법으로 뚜껑에도 펠트와 가죽지로 안을 덧댄다.

8 강력접착제로 다양한 부자재를 붙여 장식한다.

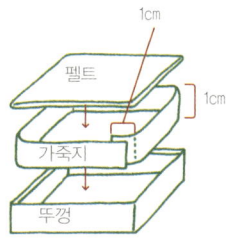 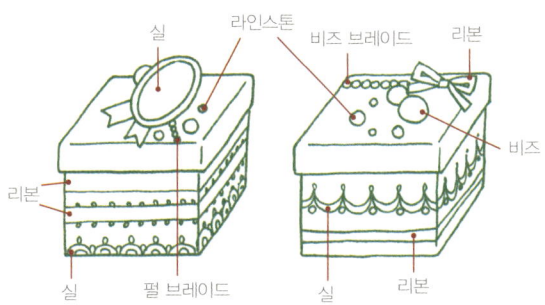

Tissue paper case p.34 작품
티슈 케이스 만드는 법

재료
(완성 치수: 가로 12cm×세로 9cm×높이 7cm)

● 판지
본체용: 11.5×8.5cm 1장, 11.5×6.5cm 2장, 8.5×6.5cm 2장
뚜껑용: 12×9cm 1장, 12×5.8cm 2장, 9×5.8cm 2장

● 켄트지
12×9cm 1장

● 패브릭
본체용: 42×8.5cm 1장
뚜껑용: 44×7.8cm 1장
뚜껑 겉면용: 14×11cm 1장

● 색도화지
겉면 바닥용: 11×8cm 1장

● 장식 부자재
방울, 리본 등

● 기타 부자재
스텐실 시트, 패브릭용 아크릴물감

1 판지, 패브릭, 켄트지를 재단한다.

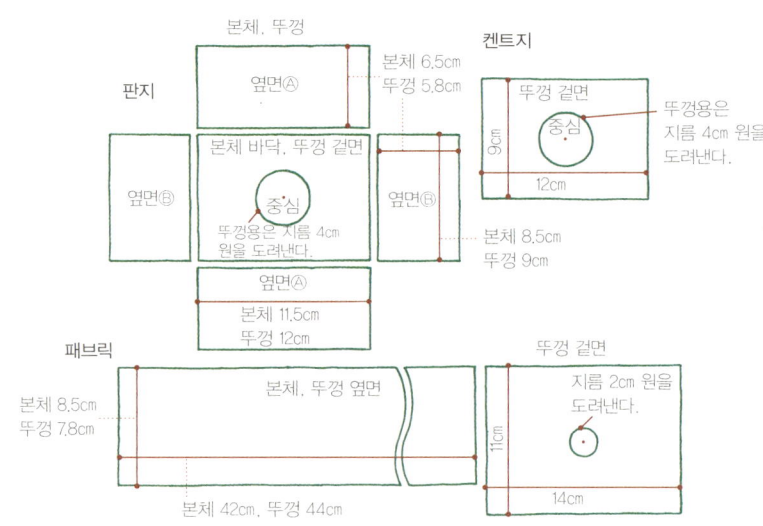

2 p.38~40을 참조하여 판지로 뚜껑을 만들고 옆면에 패브릭을 붙인다.

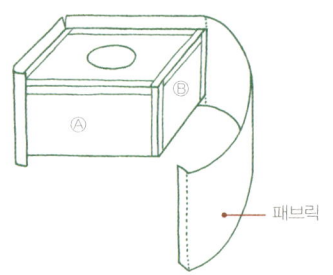

3 켄트지 뚜껑 겉면에 풀을 발라 패브릭을 붙인다.

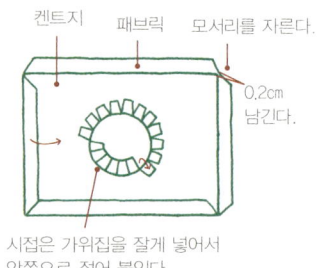

4 3을 뚜껑에 붙인다.

5 p.38~40을 참조하여 판지로 본체를 만들고 옆면에 패브릭을 붙인다.

6 바닥에 풀로 색도화지를 붙인다.

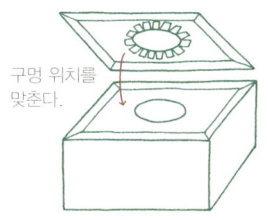
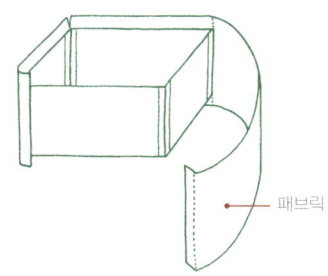
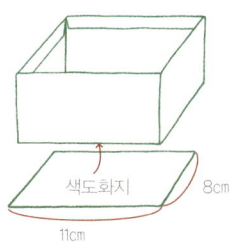

7 스텐실을 한 다음 다양한 부자재를 붙여 뚜껑을 장식한다.

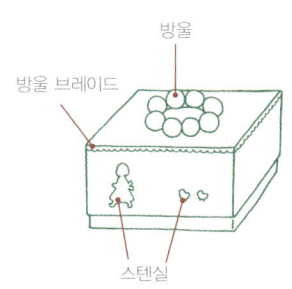

스텐실 도안 실물 크기

Pen stand & mini box
연필꽂이&소품함 만드는 법
p.35 작품

재료
(완성치수 : 큰 집 _ 가로 6cm×세로 6cm×높이 12.5cm
　　　　　작은 집 _ 가로 6cm×세로 6cm×높이 7.5cm)

● 판지
큰 집 : 6×12.5cm 크기의 집 모양(그림 참조) 2장, 6×10cm 2장, 6×6cm 1장
작은 집 : 6×7.5cm 크기의 집 모양(그림 참조) 2장, 6×5cm 2장, 6×6cm 1장
작은 집 지붕용 : 7×5cm 2장

● 패브릭
큰 집 : 26×14.5cm 1장, 작은 집 : 26×9.5cm 1장

● 펠트
큰 집 창문용, 작은 집 현관용 조금씩

● 색도화지
본체 속면용 : 판지와 같음
바닥 겉면용 : 5.6×5.6cm(공통)
작은 집 지붕용 : 12.2×9cm 1장
작은 집 지붕 속면용 : 6.4×4.4cm 2장

● 리본 2가지
큰 집 지붕 아래용 : 35cm, 창문 아래용 : 37cm

● 방울 2개　● 레이스 큰 집용 5cm　● 라인스톤 작은 집용 1개

1 판지와 패브릭을 재단한다.(그림은 큰 집)

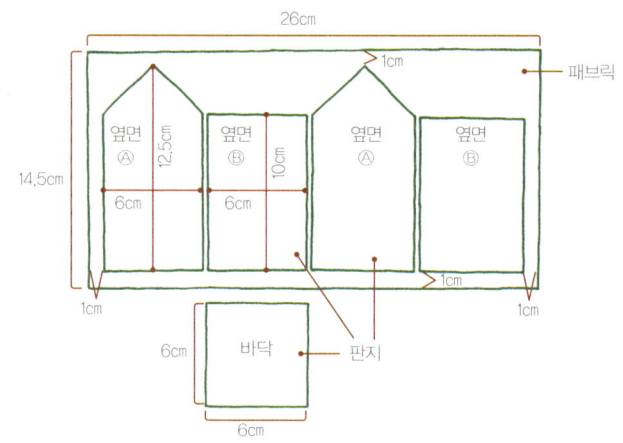

2 p.38을 참조하여 집 모양 상자를 만든다.

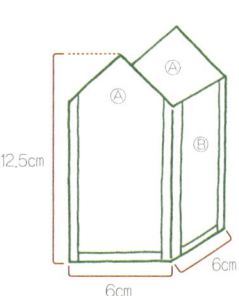

3 풀로 패브릭을 붙인 다음, 윗부분은 시접을 1cm 두고 자른다.

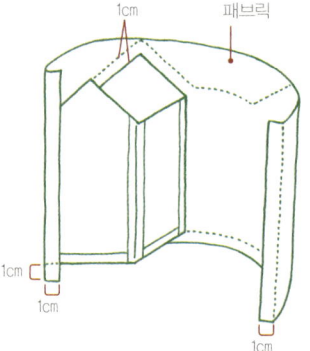

4 모서리와 지붕 꼭대기 시접에 가위집을 넣고 안쪽으로 접어 풀로 붙인다.

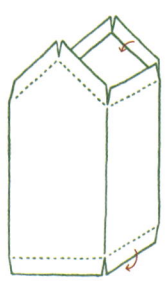

아래쪽도 모서리에 가위집을 넣어 바닥에 꺾어 붙인다.

5. 속면과 바닥 겉면용 색도화지를 재단해 붙인다.

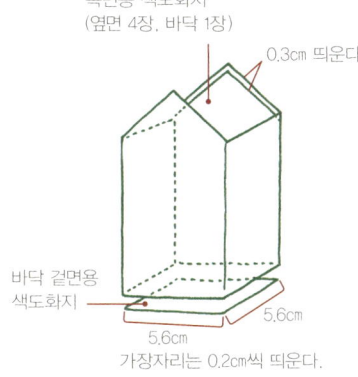

6. 부자재를 붙이면 큰 집 완성!

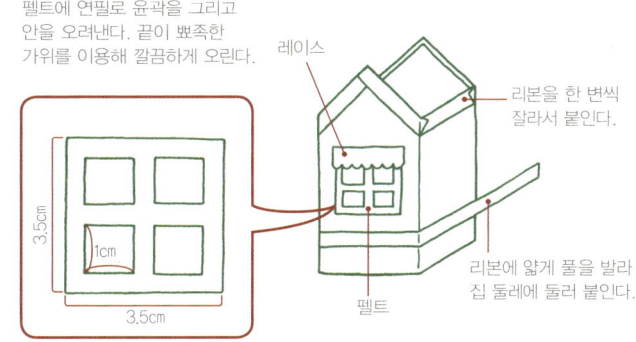

7. 큰 집과 같은 방법으로 작은 집과 뚜껑이 될 지붕을 만든다.

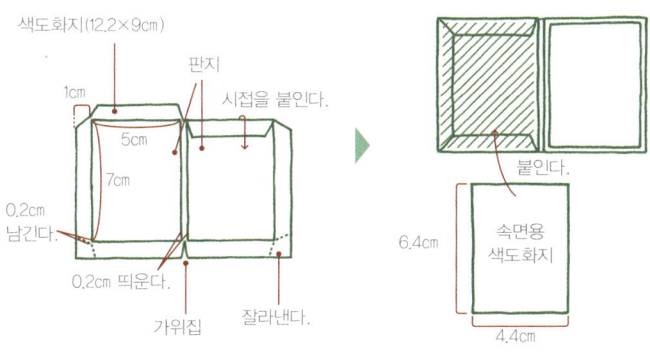

8. 지붕을 얹으면 작은 집 완성!

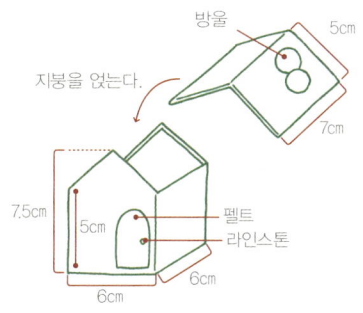

Photo stand p.36 작품
액자 만드는 법

재료
(완성 치수 : 가로 7cm×세로 9cm)

● 판지
본체용 : 7×9cm 2장
칸막이용 : 8.6×0.5cm 2장, 5.8×0.5cm 1장
스탠드용 : 3.5×6cm 크기의 사다리꼴 모양(그림 참조) 1장

● 패브릭
본체용 : 9×11cm 2장
스탠드용 : 6×8cm 크기의 사다리꼴 모양(그림 참조) 1장

● 색도화지
속면용 : 6×8cm 1장, 3.3×5.6cm 크기의 사다리꼴 모양(그림 참조) 1장

● 장식 부자재
리본, 레이스, 펄 브레이드, 스팽글, 라인스톤, 아크릴 장식 등

1 판지와 패브릭을 재단한다.

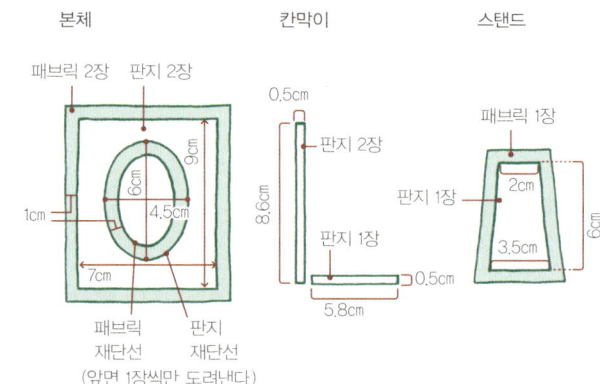

2 도려내지 않은 쪽으로 뒷면을 만든다.

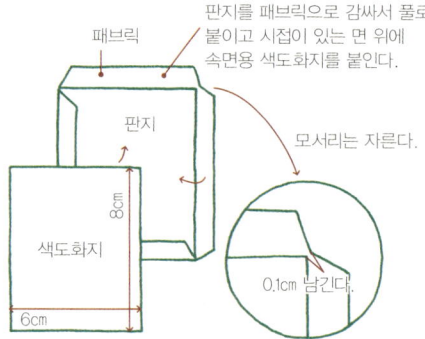

3 도려낸 쪽으로 앞면을 만든다.

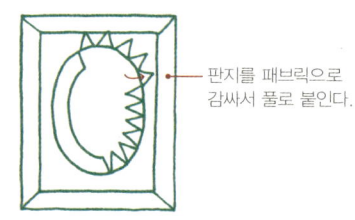

2와 같은 방법으로 시접을 붙이고, 도려낸 부분의 시접은 그림과 같이 잘라서 붙인다.

4 뒷면 위에 칸막이용 판지를 올려 풀로 붙이고, 그 위에 앞면을 붙인다.

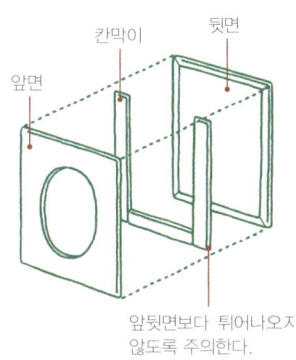

5 스탠드를 만든다.

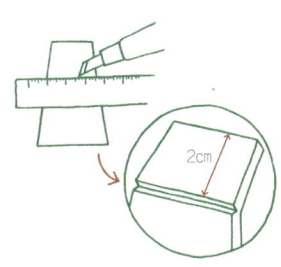

6 5를 패브릭으로 감싸서 풀로 붙이고 시접이 있는 면 위에 속면용 색도화지를 붙인다.

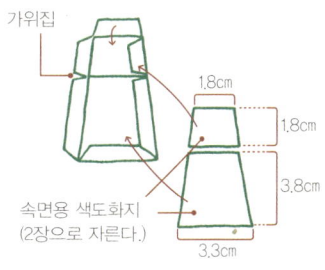

7 스탠드 속면의 접는 선 윗부분에 풀을 발라 액자에 붙인다.

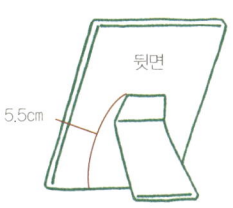

8 강력접착제로 부자재를 붙여 장식한다.

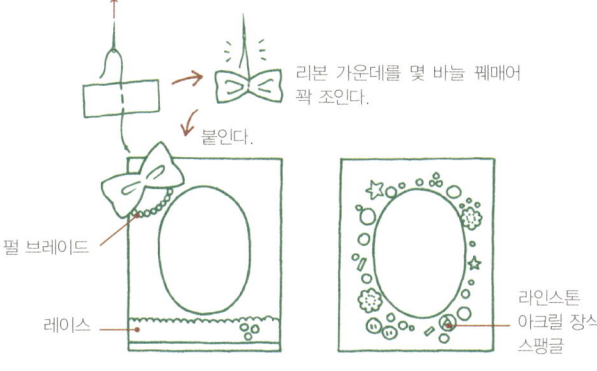

Book Style box p.42 작품
책 모양 상자 만드는 법

재료
(완성 치수 : 가로 8cm × 세로 10.5cm × 높이 4.5cm)

● 판지
본체용 : 10×7.5cm 1장, 7.5×4cm 2장, 10×4cm 2장
표지용 : 10.5×8cm 2장, 10.5×4.5cm 1장
와펜용 : 4.8×6.4cm 사이즈의 타원형(p.91 도안 참조) 1장

● 켄트지
속면용 : 10×7.5cm 1장, 7.5×3.5cm 2장, 10×3.5cm 2장

● 패브릭
본체 옆면용 : 37×6cm 1장
속면용 : 12×9.5cm 1장, 9.5×5.5cm 2장, 12×5.5cm 2장
표지용 : 23×12.5cm 1장
와펜용 : 6.8×8.8cm 크기의 타원형(p.91 도안 참조) 1장

● 가죽지
책등용 : 12.5×7.5cm 1장
표지 속면용 : 10×7.5cm 1장

● 장식 부자재
리본 15cm 2개, 장식용 색도화지, 라인스톤, 리본, 스팽글 등

● 기타 부자재
스텐실 시트, 패브릭용 물감, 문자 스탬프, 스탬프 찍일 종이

1 본체용 판지, 속면용 켄트지와 패브릭을 재단한다.

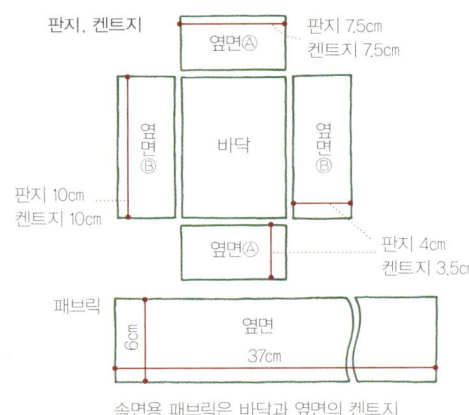

속면용 패브릭은 바닥과 옆면의 켄트지 치수에 가로세로로 2cm를 더해 자른다.

2 표지용 판지와 패브릭을 재단한다.

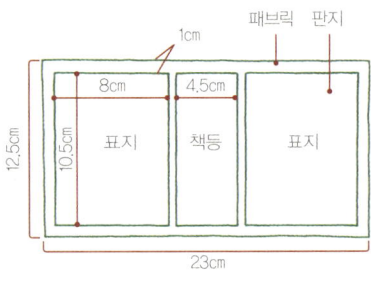

3 p.38~40을 참조하여 판지로 본체를 만들고, 옆면에 패브릭을 붙인다.

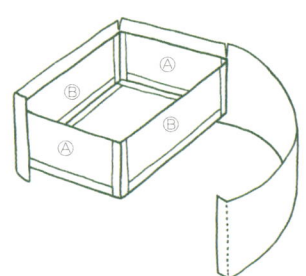

4 켄트지에 풀을 바르고 패브릭으로 감싸서 붙인 다음, 상자 안쪽에 붙인다.

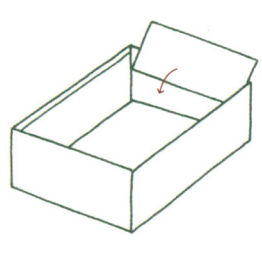

5 표지용 판지에 풀을 바르고 패브릭을
감싸서 붙인다.

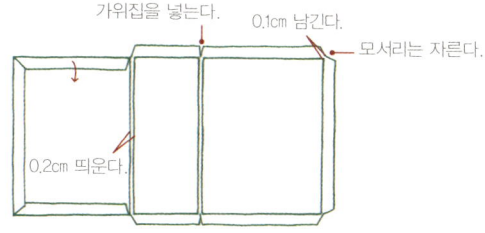

6 표지를 겉면이 보이게 놓고 가죽지에
풀을 발라 책등에 붙인다.

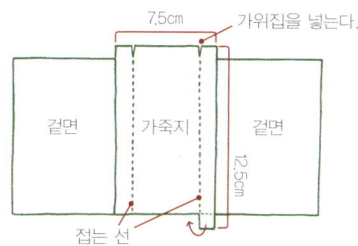

7 표지 안쪽 끝에 리본을 붙인 다음
속면용 가죽지를 왼쪽 면에 붙인다.

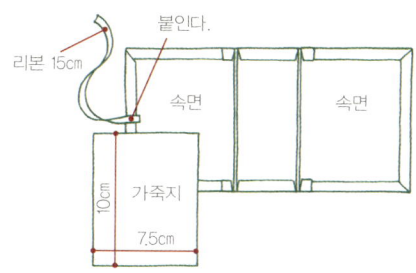

8 가죽지를 붙이지 않은 오른쪽면에
리본을 붙인 다음 본체를 붙인다.

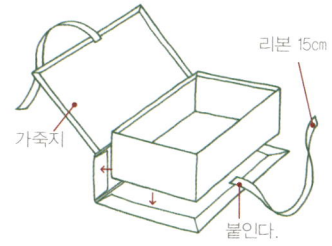

9 와펜용 판지를 패브릭으로 감싸 붙인 다음
p.91의 도안을 참조하여 와펜을 만든다.

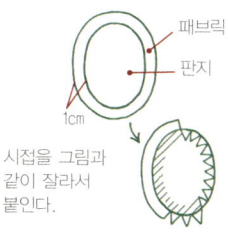

10 스텐실을 한 다음 다양한
부자재를 붙여 표지를 장식한다.

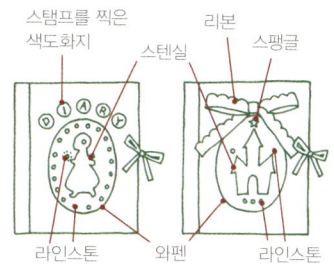

Mobile game box p.44 작품
휴대용 게임기 상자 만드는 법

재료
(완성 치수 : 가로 14.5cm×세로 8.5cm×두께 3cm)

● 판지
14×8cm 2장, 14×2.6cm 1장, 14×2.5cm 1장,
2.5×8cm 2장, 14×5cm(그림 참조) 1장

● 가죽지
16×11.5cm 1장, 16×8cm 1장, 3.5×4cm 2장
(모두 그림 참조)

● 펠트
속면용 : 14×8cm 1장, 14×2.5cm 2장, 2.5×8cm 2장
뚜껑·뒷면용 : 15×9cm 2장(모두 그림 참조)

● 리본(폭 2.5cm)
옆면용 32cm, 윗면용 16cm

● 장식 부자재
가죽끈(11cm) 1개, 분할 핀(지름 0.7cm) 2개,
벨크로 테이프 조금, 펄 브레이드, 리본, 레이스,
라인스톤, 실 등

1 판지를 재단한다.

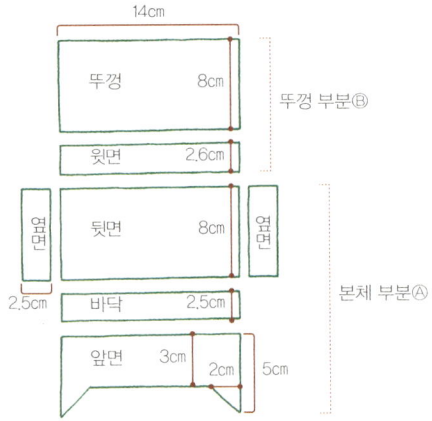

2 p.38을 참조하여 Ⓐ의 본체 부분을 만들고, Ⓑ의 윗면과 뚜껑을 붙인다.

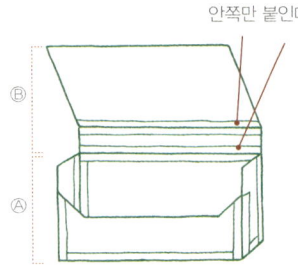

물 테이프로 안쪽만 붙인다.

3 뚜껑 속면, 앞면, 옆면의 일부에 가죽지를 붙인다.

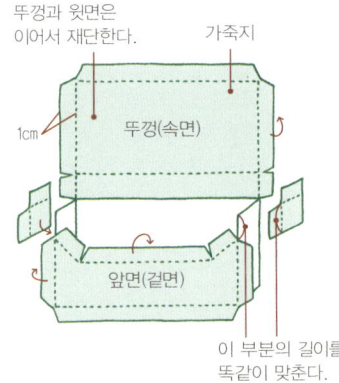

뚜껑과 윗면은 이어서 재단한다.
가죽지
이 부분의 길이를 똑같이 맞춘다.

4 옆면, 바닥, 윗면에는 리본을 붙인다.

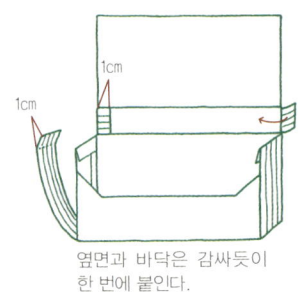

옆면과 바닥은 감싸듯이 한 번에 붙인다.

5 윗면에 가죽끈을 분할 핀으로 고정한다.

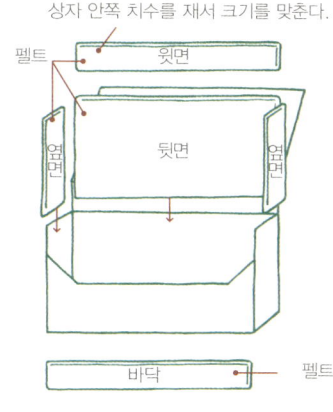

0.7cm
송곳으로 구멍을 뚫는다.
3cm
가죽끈
끝을 벌림
단면도

6 안쪽에는 펠트를 붙인다.

상자 안쪽 치수를 재서 크기를 맞춘다.

펠트 — 윗면
옆면 — 뒷면 — 옆면
바닥 — 펠트

7 뒷면과 뚜껑에 상자보다 조금 크게 펠트를 붙인다.

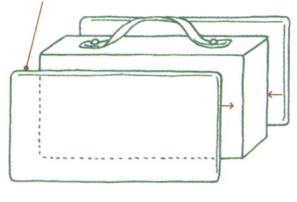

모서리는 둥글게 자른다.

8 벨크로 테이프를 1×1cm로 잘라 뚜껑 속면과 앞면에 강력접착제로 붙인다.

9 다양한 부자재를 붙여 뚜껑을 장식한다.

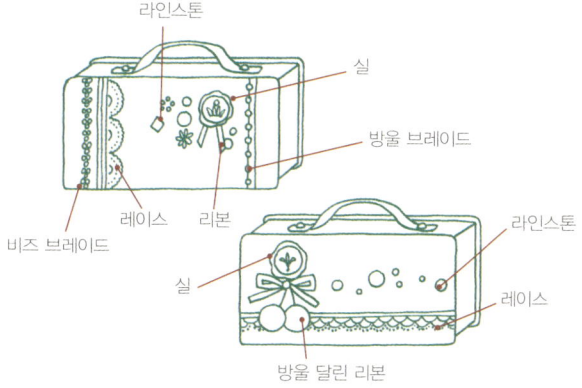

라인스톤
실
방울 브레이드
비즈 브레이드
레이스
리본
실
라인스톤
레이스
방울 달린 리본

87

Reversible box p.52 작품
양면 장식 상자 만드는 법

재료
- 빈 상자
 가로 19.5cm×세로 8.5cm×높이 2.5cm
- 판지
 20.1×8.8cm 2장, 20.1×2.7cm 1장
- 켄트지
 속면용 : 19.5×8.5cm 1장, 19.5×1.5cm 2장,
 8.5×1.5cm 2장
- 패브릭
 표지용 : 25×22.5cm 1장
 접히는 부분용 : 3×22cm 2장
 속면용 : 21.5×10.5cm 1장, 21.5×3.5cm 2장,
 10.5×3.5cm 2장
- 가죽지
 20×8.6cm 2장, 2.5×20cm 1장
- 장식 부자재
 리본, 펄 브레이드, 아크릴 장식, 라인스톤,
 레이스 등
- 기타 부자재
 스텐실 시트, 패브릭용 아크릴물감, 문자 스탬프,
 스탬프 찍을 종이

1 빈 상자를 준비한다.

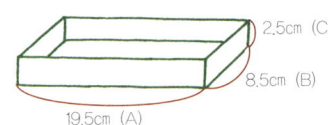

2 상자 크기에 맞추어 표지용 판지와 패브릭을 자른다.

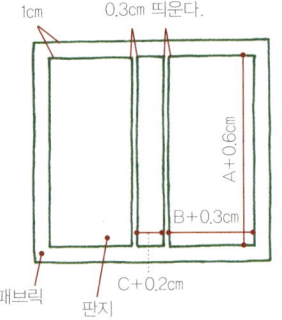

3 판지에 풀을 발라 패브릭을 감싸서 붙인다.

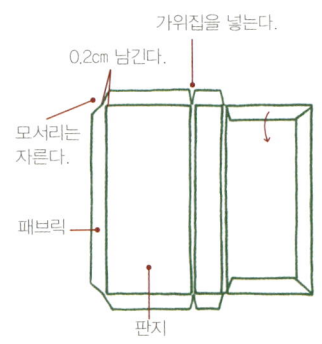

4 접히는 부분용 패브릭을 풀로 붙인다.

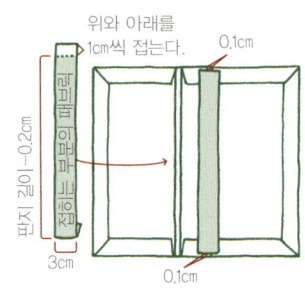

5 겉면 양쪽에 스텐실을 먼저 한 다음 부자재를 붙여 장식한다.

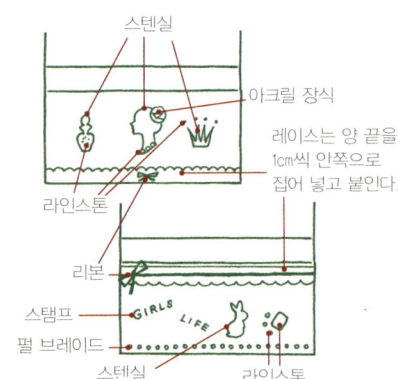

6 속면용 가죽지를 표지 안쪽에 붙인다.

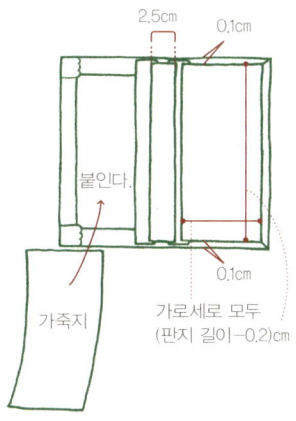

스텐실 도안(실물 크기)
★ 여자 실루엣 도안은 p.99
★ 향수병 도안은 p.69

7 상자 속면용 켄트지와 패브릭을 재단한다.

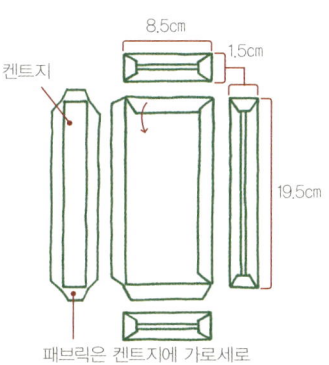

8 켄트지에 풀을 바르고 패브릭을 감싸서 상자 안쪽에 붙인다.

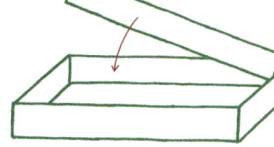

9 상자 바닥과 한쪽 옆면에 풀을 바르고 표지에 붙인다.

Present box p.54 작품
선물 상자 만드는 법

재료
- **빈 상자**
지름 11cm×높이 2cm
- **펠트**
뚜껑 겉면, 뚜껑 속면용 : 지름 11cm 원 1장씩
본체 속면용 : 1.5×34.5cm 1장, 지름 11cm 원 1장
- **리본**
뚜껑 옆면용 : 2가지 35cm씩
전체용 : 80cm 1개
- **장식 부자재**
레이스 페이퍼(지름 10cm) 1장, 레이스 모티프, 방울, 색도화지 등
- **기타 부자재**
문자 스탬프, 스탬프 찍을 종이

1 빈 치즈 상자를 준비한 다음 뚜껑 윗면에 풀을 바르고 뚜껑과 같은 크기로 자른 펠트를 붙인다. 레이스 페이퍼에 풀을 발라 그 위에 붙인다.

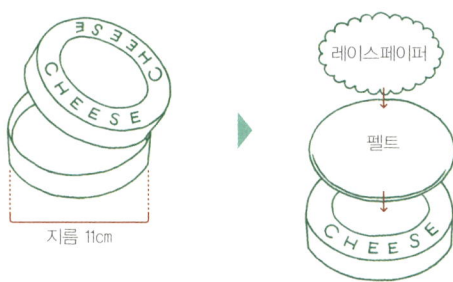

2 두 종류의 리본을 뚜껑 둘레와 같은 길이로 잘라 리본①→② 순서로 뚜껑 옆면에 풀로 붙인다.

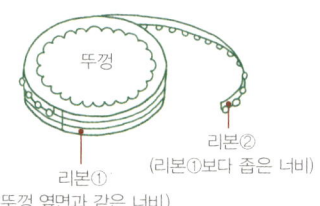

3 본체 안쪽의 바닥과 옆면에 맞게 펠트를 잘라서 풀로 붙인다.

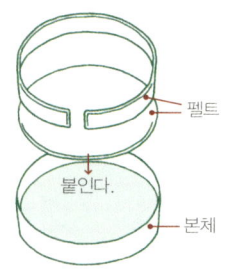

4 뚜껑 안쪽에 풀을 발라 펠트를 붙인다.

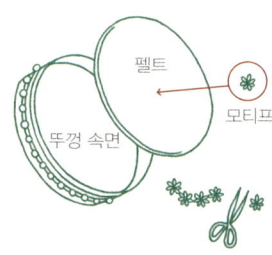

레이스 모티프를 잘라서 펠트 중심에 붙인다. 상자 바닥에도 같은 방법으로 붙인다.

5 뚜껑을 닫고 부자재를 붙여 장식한다.

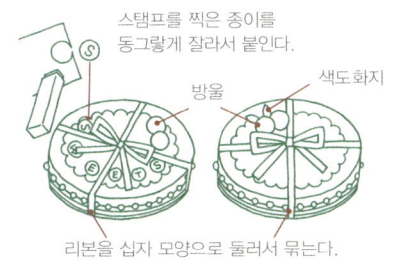

잎사귀 모티프 도안
(실물 크기)

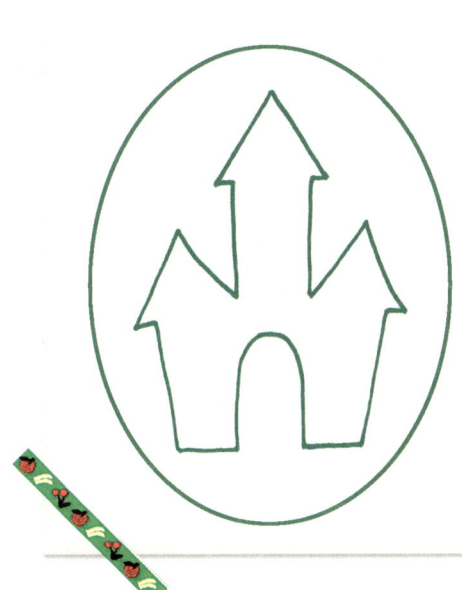

p.84 책 모양 상자 와펜, 스텐실 도안
(실물 크기)

Big square box p.56 작품
정사각 정리함 만드는 법

재료
- 빈 상자
  뚜껑 가로 16cm×세로 16cm×높이 4.5cm,
  본체 가로 15cm×세로 15cm×높이 4.5cm
- 패브릭
  뚜껑용 : 27×27cm 1장
  본체용 : 26×26cm 1장
  뚜껑 속면용 : 17.5×17.5cm 1장, 17.5×6cm 4장
  본체 속면용 : 16.5×16.5cm 1장, 16.5×6cm 4장
- 속면용 켄트지
  뚜껑용 : 15.5×15.5cm 1장, 15.5×4cm 4장
  본체용 : 14.5×14.5cm 1장, 14.5×4cm 4장
- 장식 부자재
  레이스 페이퍼(지름 10cm) 1장, 리본(30cm) 1개,
  방울(작은 것) 3개

1 빈 상자를 준비한다.

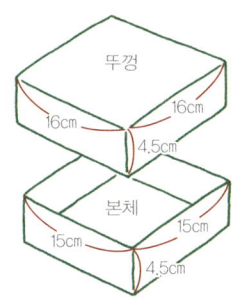

*패브릭을 붙일 수 있도록 본체와 뚜껑 사이에 조금 여유가 있는 상자를 고른다.

2 상자 크기에 맞추어 그림과 같이 패브릭을 자른다.

3 상자 겉면에 패브릭을 Ⓐ→Ⓑ 순서로 붙인다.

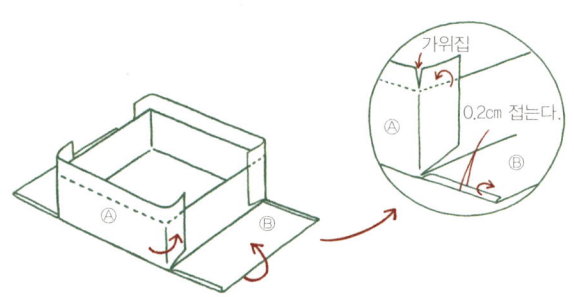

4 본체와 뚜껑 안쪽 치수를 재서 속면용 켄트지를 자르고, p.40~41을 참조하여 패브릭으로 감싼다.

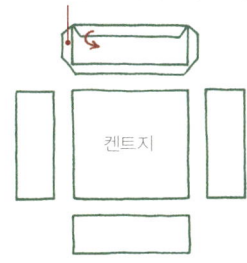

패브릭은 켄트지 치수에 가로세로 1cm를 더한다.

켄트지

5 4를 상자 안쪽에 붙인다.

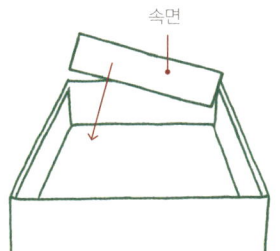

속면

6 부자재를 붙여 뚜껑을 장식한다.

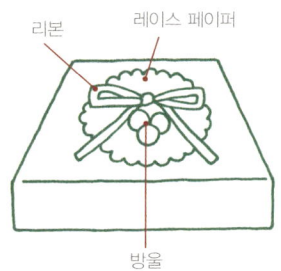

리본
레이스 페이퍼
방울

Jar cap — p.58 작품
병뚜껑 만드는 법

재료
- 빈 병
  뚜껑 지름 6.5cm × 높이 1cm
- 패브릭
  지름 8.5cm 원 1장, 24×2cm 1장
- 켄트지
  지름 6.5cm 원 1장, 22×1cm 1장
- 퀼팅 솜
  지름 6.5cm, 5.5cm 원 1장씩
- 장식 부자재
  방울, 펄 브레이드, 레이스 등

1 빈 병을 준비한다.

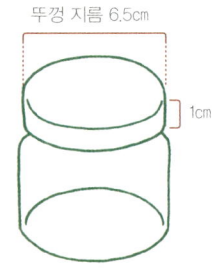

2 병뚜껑 크기에 맞추어 켄트지와 패브릭을 잘라 두고 옆면 패브릭은 붙인다.

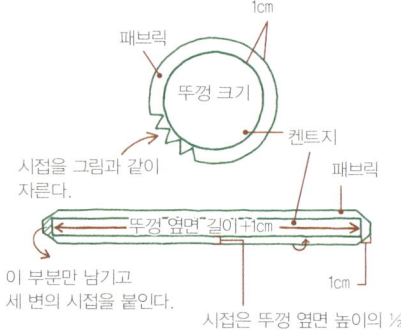

3 켄트지에 퀼팅 솜을 2장 겹치고 위에서 패브릭으로 감싸 켄트지에 시접 부분을 붙인다.

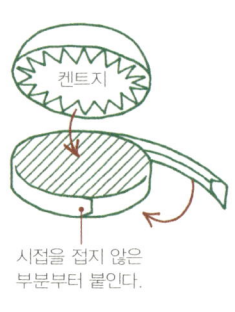

4 뚜껑에 옆면을 붙이고, 3을 뚜껑 위에 붙인다.

5 다양한 부자재를 붙여 뚜껑을 장식한다.

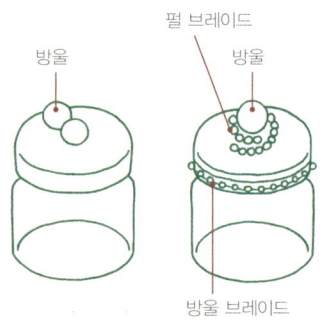

Ring notebook p.61 작품
스프링노트 만드는 법

재료
- 시판 **스프링노트**(11×15.5cm)　　● **패브릭** : 11×18.5cm　　● **속면용 색도화지** : 9×14.5cm
- **장식 부자재** : 리본(18.5cm) 1개, 타원형 레이스 프레임, 리본형 아크릴 장식
- **기타 부자재** : 스텐실 시트, 패브릭용 아크릴물감

1 스프링노트를 준비한다.
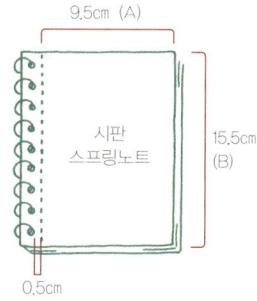

2 패브릭과 리본을 자른다.
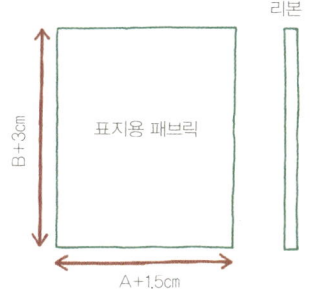

3 표지에 풀을 바르고 패브릭을 붙인다.
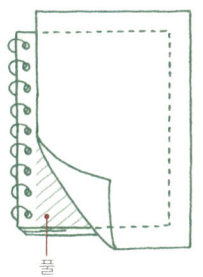

4 시접 처리를 한다.
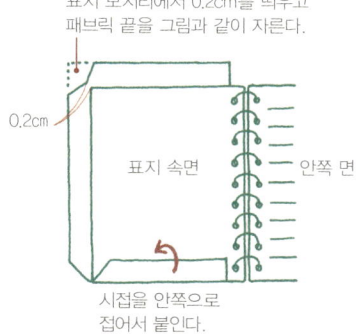

표지 모서리에서 0.2cm를 띄우고 패브릭 끝을 그림과 같이 자른다.

시접을 안쪽으로 접어서 붙인다.

5 겉면에서 패브릭 경계선을 덮듯이 리본을 붙인다.
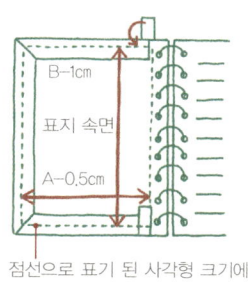

점선으로 표기 된 사각형 크기에 맞게 색도화지를 붙인다.

6 ①~③ 순서로 표지를 장식한다.
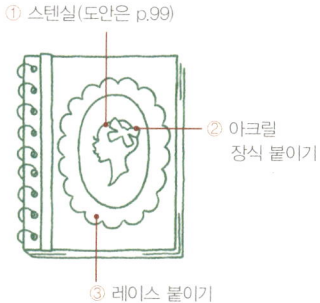

① 스텐실(도안은 p.99)
② 아크릴 장식 붙이기
③ 레이스 붙이기

Album p.60 작품
앨범 만드는 법

재료
- 시판 앨범 : 18.5×13.5cm
- 패브릭
  표지용 : 18.5×16.5cm 2장
  와펜용 : 8.8×10.8cm 크기의 타원형(도안 참조) 1장
- 리본
  표지 장식용 : 16.5cm 2개, 18.5cm 1개
  여밈용 : 12cm 2개
- 색도화지
  속면용 : 16.5×12.5cm 2장
- 켄트지
  와펜용 : 6.8×8.8cm 크기의 타원형(도안 참조) 1장
- 장식 부자재
  라인스톤, 장식용 색도화지 등
- 기타 부자재
  스텐실 시트, 패브릭용 아크릴물감

1 앨범을 준비한다.

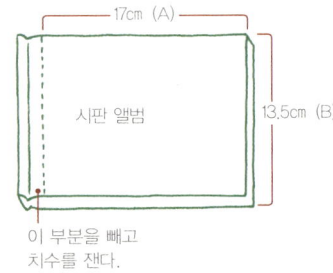

2 표지용 패브릭과 리본을 자른다.

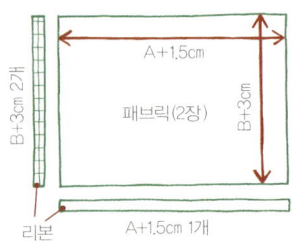

3 제본 부분을 남기고 표지 앞면에 패브릭을 감싸 붙인다.

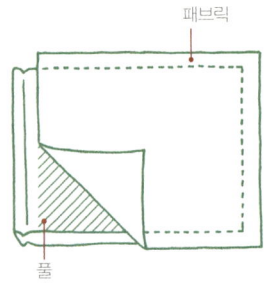

4 시접 처리를 한다.

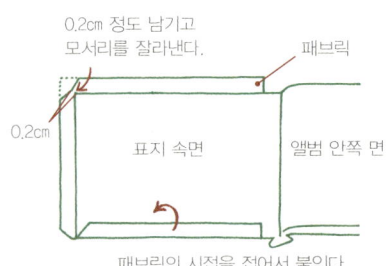

5 리본을 ①→② 순서로 붙인다.

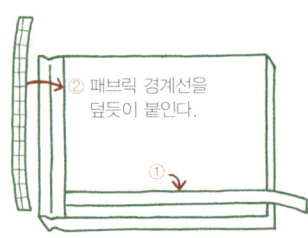

6 표지 안쪽을 ①→③ 순서로 처리한다.

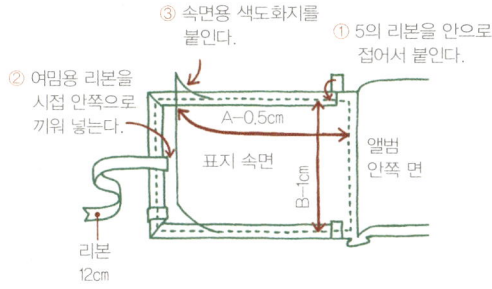

와펜.
스텐실 도안(실물 크기)

7 뒷 표지를 ①→④ 순서로 만든다.

8 도안을 참조해 와펜을 만든다.

9 와펜에 스텐실을 해서 붙인 다음 부자재를 붙여 표지를 장식한다.

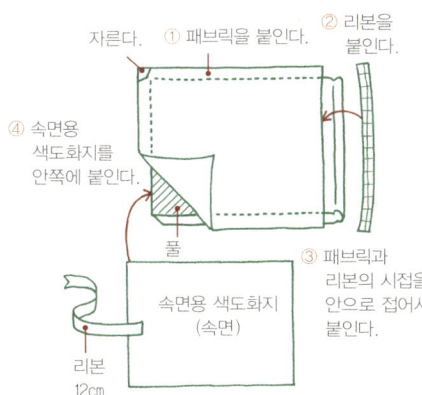

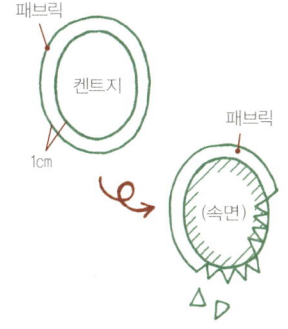

켄트지에 패브릭을 붙이고.
시접을 그림과 같이 삼각형으로
잘라서 접어 붙인다.

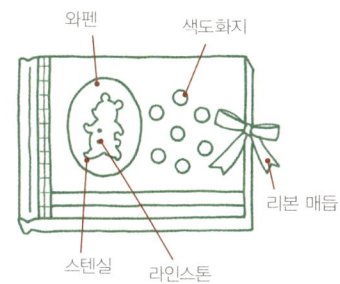

스텐실 방법

1

커팅매트, 디자인 칼, 스텐실 시트, 패브릭용 아크릴물감, 구성용 붓을 준비한다.

2

도안을 스텐실 시트에 옮겨 그리고, 디자인 칼로 깔끔하게 도려낸다.

3

도려낸 시트를 패브릭에 댄 다음 구성용 붓에 아크릴 물감을 묻혀 톡톡 두드리듯이 색을 칠한다. 패브릭 색깔이 비치지 않도록 진하게 칠한다.

4

완성된 작품. 완전히 마를 때까지 만지지 않도록 주의한다.

스텐실 도안

시트에 바로 옮겨 그려 사용할 수 있는 도안이에요.
다양한 스텐실 작품을 응용해 나만의 특별한 상자를 만들어보는 건 어떨까요?

종이상자를 꾸미는 장식

모든 재료는 대형 수예점이나 공예 전문몰에서 구입할 수 있습니다.

리본, 브레이드

Ribbon tape

뚜껑 가장자리에 붙이기만 해도 귀여운 포인트 장식이 됩니다. 브레이드는 꼬거나 땋은 모양의 끈으로, 방울이나 비즈가 달린 디자인도 있어요.

패브릭용 잉크&스탬프

Ink & stamp

초보자도 실패할 걱정 없이 손쉽게 쓸 수 있는 스탬프. 잉크는 꼭 패브릭용 제품을 사용하세요.

레이스

Lace

소녀다운 느낌을 한껏 살릴 수 있는 레이스. 리본같이 긴 레이스뿐 아니라 와펜 스타일의 레이스도 사용하기 편리합니다.

실

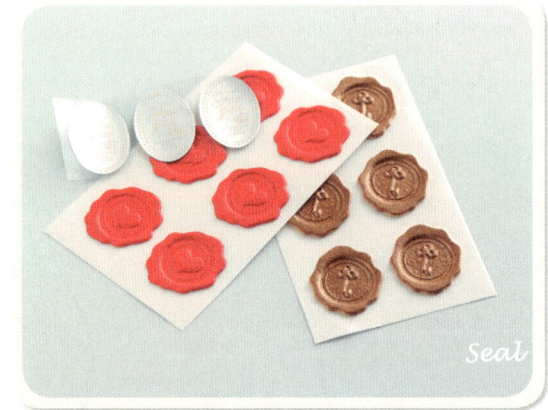
Seal

특별한 테크닉이 없어도 손쉽게 사용할 수 있어요. 문구점이나 수예점에서 마음에 드는 디자인을 찾아보세요.

방울

Pompon

풀로 붙이면 되니 다루기도 간편해요. 장식이 조금 부족하다 싶을 때 사용하면 좋아요.

라인스톤

Rhinestone

반짝이는 느낌이 매력적인 라인스톤은 크기를 다양하게 준비해서 활용하세요. 작은 크기의 라인스톤은 핀셋을 이용해 붙입니다.

아크릴 장식

Acryl parts

나비, 리본 등 다양한 모양의 아크릴 장식은 강력접착제로 붙여 사용합니다. 쉽고 간편하게 아기자기한 디자인의 소품을 만들 수 있지요.

펄 브레이드

Pearl braid

구슬을 이어서 붙여 놓은 펄 브레이드는 필요한 만큼 잘라서 씁니다. 하나씩 붙이는 라인스톤보다 간편해요.

귀여운 종이상자 만들기

1판 1쇄 인쇄	2013년 1월 3일
1판 1쇄 발행	2013년 1월 10일

지은이	스기자키 메구미
옮긴이	허앵두

발행인	양원석
총편집인	이헌상
편집장	박종례
책임편집	허슬기

본문디자인	홍소연
촬영	Matsuki Jun
해외저작권	정주이
제작	문태일, 김수진
영업 · 마케팅	김경만, 곽희은, 임충진, 주상우, 장현기, 임우열, 정미진, 송기현, 우지연

펴낸 곳	(주)알에이치코리아
주소	서울시 금천구 가산동 345-90 한라시그마밸리 20층
편집문의	02-6443-8862
구입문의	02-6443-8838
홈페이지	www.randombooks.co.kr
등록	2004년 1월 15일 제2-3726호

ISBN 978-89-255-4900-2 13590

※ 이 책은 (주)알에이치코리아가 저작권자와의 계약에 따라 발행한 것이므로
   본사의 서면 허락 없이는 어떠한 형태나 수단으로도 이 책의 내용을 이용하지 못합니다.
※ 잘못된 책은 구입하신 서점에서 바꾸어 드립니다.
※ 책값은 뒤표지에 있습니다.

RHK 는 랜덤하우스코리아의 새 이름입니다.